刘未鸣　段敏　主编

见证新中国基础产业之路

中国文史出版社

图书在版编目（CIP）数据

见证新中国基础产业之路 / 刘未鸣，段敏主编. --北京：中国文史出版社，2020. 11

（纵横精华；1. 第六辑）

ISBN 978 - 7 - 5205 - 2573 - 2

Ⅰ. ①见… Ⅱ. ①刘… ②段… Ⅲ. ①基础产业 - 产业发展 - 研究 - 中国 Ⅳ. ①F269. 2

中国版本图书馆 CIP 数据核字（2020）第 228592 号

责任编辑：胡福星

出版发行：**中国文史出版社**

社　　址：北京市海淀区西八里庄路 69 号　　邮编：100142

电　　话：010 - 81136606　81136602　81136603　81136605（发行部）

传　　真：010 - 81136655

印　　装：北京新华印刷有限公司

经　　销：全国新华书店

开　　本：787 × 1092　1/16

印　　张：13. 75

字　　数：170 千字

版　　次：2021 年 8 月北京第 1 版

印　　次：2021 年 8 月第 1 次印刷

定　　价：42. 00 元

出版说明

《纵横》杂志是全国第一份集中发表回忆文章的期刊，自 1983 年创刊以来，以“亲历、亲见、亲闻”为视角，如实记录和反映中国近现代史上的重大事件、人物故事及各地独特的历史文化与地方政协文史资料工作情况，以跨越时空的广阔视野，纵览百年历史风云，横观人生社会百态。曾荣膺中国出版政府奖期刊奖提名奖，在读者中具有广泛影响。

本套“纵横精华”系列丛书，是按主题将历年《纵横》杂志刊发的读者反响较好的文章结集。自 2018 年开始，已陆续出版了历史、文化、文学、艺术、情感、人文等二十余种主题图书。所收文章个别文字有所修订，其他均保持原貌。

因收录文章原发表时间较久远，未能联系到的作者，请与中国文史出版社联系，以便支付稿酬。

编　者

2020 年 12 月

目 录

东方的“鲁尔”
——辽宁省老工业基地建设发展回眸

张洪军*

新中国成立后，国家面临的形势十分严峻。如何恢复和发展国民经济，解决几亿人的吃饭问题，并着手建立自己独立的国民经济体系，进而建设一个富强的社会主义国家，是摆在中国共产党和人民政府面前一项十分艰巨的任务。

中国共产党领导中国新民主主义革命取得了胜利，为生产力的发展创造了必要的前提，而国家的强盛、人民的富裕，则有赖于国家的工业化。因而，新中国一成立，我们党和政府就把集中力量尽快地使中国从落后的农业国变为先进的工业国确定为中心任务。在明确了国家工业化任务后，从我国的经济基础出发，党中央和毛主席把工业化重点建设的战略目光投向东北特别是辽宁。经过国民经济恢复和发展及第一、第二个五年计划时期的大规模建设，辽宁成为全国第一个建成的最大的重工业基地。

* 作者系辽宁社会科学院当代辽宁研究所所长、研究员。本文（摘自《东北老工业基地建设纪事》，中国文史出版社出版，略有删节）

1954 年 4 月，全国劳模、鞍钢工人王崇伦在介绍他的“万能工具胎”

初战告捷

辽宁工矿城镇多，工业基础也比较雄厚。但是解放前，辽宁工业基本上是以“资源掠夺”为核心的殖民地工业。新中国成立前，日本垄断资本在辽宁开设了众多的工厂和矿山，对资源和财富进行疯狂掠夺，他们执行以重工业为主体的军事工业的“重点主义”产业政策，来满足其战争需要，从而造成了辽宁工业的畸形状态。在产业结构上，钢铁、有色金属、煤炭等重工业发展较快，而纺织、造纸、日用化学、日用机械等轻工业则发展得很慢。他们不但采取极其落后的野蛮方式进行生产，而且排斥和压制中国民族工业的发展，造成了生产不平衡、布局不合理的状况。加之国民党政权统治时期的劫难和苏军的拆迁，1948 年 11 月，辽宁全境解放时，绝大部分工厂和矿山都处于停产或半停产状态。1949 年辽宁工业总产值为 11.9 亿元，只相当于日伪时期最高生产水平 1943 年的 40%，整个地区的经济濒临崩溃破产的边缘。尽管如此，辽宁工业发展的历史还是造就了大量的产业工人，也使辽宁成为东北经济发达的中心地区。

1949—1952 年，在中共东北局和东北行政委员会的领导下，辽宁各地党组织和人民政府，依靠全省工人阶级和广大人民群众，开始进行恢复国民经济的艰苦奋斗。由于辽宁的工业城市多，工业在国民经济中比重大，因此，能否迅速恢复工厂、矿山的生产，对国民经济恢复的全局具有决定性意义。摆脱了被奴役地位的辽宁广大工人阶级，把被压抑的积极性和创造性、被埋没的智慧和才能发挥出来，怀着巨大的生产热情，夜以继日地艰苦奋战，大搞劳动竞赛，发挥无限的创造力，通过大胆改进技术、改进操作方法、改进劳动组织和提高产品质量，大批伪满时期的生产纪录被打破，成倍成倍地提高了生产效率。以鞍钢为首的辽宁工业的一些项目还进行了改建扩建，辽宁的一个个工厂、一座座矿山开始从废墟和瘫痪中站立起来，继鞍钢恢复生产后，辽宁的矿山、煤炭、电力、冶金、机械等行业也相继恢复了生产，国民经济恢复工作取得了卓有成效的业绩。

经过三年的经济恢复，辽宁工业生产以及其他各项指标均大大超过解放前的最高水平。1952 年工业总产值 45. 3 亿元，比 1949 年增长 2. 8 倍，比 1943 年增长 53. 6%；钢产量为 94 万吨，比 1949 年增长 7. 25 倍，比 1943 年增长 8. 2 倍；水泥产量 112. 8 万吨，比 1949 年增 3. 3 倍，比 1943 年增长 68. 4%。国民经济恢复任务的胜利完成，为大规模经济建设的展开和对生产资料私有制进行社会主义改造奠定了坚实的基础，辽宁人民开始了向实现国家社会主义工业化的伟大进军。

“东方鲁尔”初显规模

1953 年“一五”计划确定的指导方针和基本任务是：集中主要力量发展重工业，以苏联帮助我国设计的 156 项重点工程为中心，由限额以上的 694 个单位组成的工业建设，形成国家工业化和国防现代化的初步基础。根据“一五”计划之规定，其“中心任务之一，是基本上完成以鞍山钢铁联合企业为中心的东北工业基地的新建、改建，其中包括抚顺、阜新的煤矿工业，本溪的钢铁工业和沈阳的机械工业”。因此，在“一五”计划时期，辽宁是全国大规模经济建设的重点地区。

为了迅速完成辽宁重工业基地的建设，国家在辽宁投入了巨额的资金。“一五”计划时期，国家在辽宁共投资65.1亿元，占同期全国基本建设投资总额的11.8%。其中用于工业建设的投资为46.4亿元，占同期全国工业投资总额的18.5%。在工业基本建设投资中，重工业投资为43.6亿元，占同期全国重工业投资总额的20.5%和全省工业总投资的94%。重点发展冶金、机械、化工、建材以及煤、电、油等能源工业。基本建设投资绝大部分用于改建、扩建，也搞了部分新建。为了迅速完成鞍山钢铁工业基地的建设，在投资分配上，注重了沈阳、鞍山、抚顺、本溪中部城市群和阜新煤电基地的建设，这五个市的基本建设投资达49.4亿元，占全省总投资的76%。

“一五”计划时期，全省施工的限额以上项目（即大中型项目）共有175个，其中工业建设项目98个，占同期全国工业大中型项目的10.6%。在重工业建设项目中，属于苏联帮助中国设计的156项重点工程中有24项安排在辽宁。这24项重点工程被列为全省基本建设重点项目中的重点。在重工业总投资中，这些重点工程的投资占65%以上。为了与这24项工程配套，还在沈阳、大连、抚顺、本溪、锦州等地安排了省市重点工程项目730个。完成这些重点工程不但能使生产能力大为提高，而且可以使工业布局合理化。

一、钢铁工业。钢铁工业是实现国家社会主义工业化的基础，没有强大的钢铁工业，要建立起强大的社会主义工业是不可能的。在诸多的重点项目中，改建和扩建鞍钢是重中之重。中共中央指出：“要集中全国力量首先恢复和改建鞍山钢铁公司”，“扩展鞍山钢铁联合企业的规模，尽可能地改建和新建，基本上完成以鞍山钢铁联合企业为中心的东北工业基地建设”。为了建设好鞍钢，国家提出了“全国支援鞍钢”的口号。当时从全国各地抽调500多名地委一级领导干部到鞍山，分配大批大学毕业生，集结了数以千计的生产、设计、施工的工程技术人员，组织了全国57个大中城市的199个企业，在人才、物资、技术方面支援鞍钢。在全国的大力支援下，从1953年到1960年，鞍钢完成了矿山、炼铁高炉、炼钢平炉、轧钢厂等48项主要工程。特别是中国第一座自动化的无缝钢管厂、大型轧钢厂和七号高炉“三大工程”的建设，仅用一年多时间就相继建成投产，赢得了钢铁工业大规模建设的首战胜利，成为社会主义工业化的奠基工程。“三大工程”分别在1953年10—12月生产出第一批合格产品并迅速向毛主席报喜。毛主席于12月25日复电：“鞍山无缝钢管厂、鞍山大型轧钢厂和第7号炼铁炉的提前完成建设工程，并开始生产，是1953年我国重工业发展中的巨大事件……希望你们继续努力，学习苏联经验，发挥你们的智慧和力量，争取更大的成就。”周恩来总理为“三大工程”题词：“大型轧钢厂、无缝钢管厂、7号炼铁炉的开工生产是我国社会主义工业化建设中的重大胜利。”《人民日报》12月27日发表社论，高度评价“三大工程”在我国经济建设中的重要作用和深远影响。

到1957年底，鞍钢竣工投产的工程有40项，抚顺钢厂、大连钢厂等改建工程也都相继提前完成。随着这些建设项目的竣工投产，辽宁拥有鞍钢、本钢、抚钢、大钢等县以上钢铁企业20家。生铁产量419万吨，占全国产量的70.6%；钢产量已达到338.2万吨，占全国钢产量的63.2%；钢材产量238.5万吨，占全国产量的57.5%。辽宁的钢铁工业，已经用先进的自动化设备武装起来，成为新中国重工业的基础工业。

二、机械工业建设。“一五”计划规定，中国要建立起制造大型金

阜新露天煤矿采矿现场

属切削机床、发电设备、冶金设备和汽车、拖拉机、飞机的机器制造工业，并特别提出改建沈阳的机器制造业以完成围绕鞍钢为中心的东北工业基地的建设。五年间，辽宁用于机械工业的投资为6.2亿元，占全省工业总投资的13.3%，占全国机械工业总投资的16.8%。兴建的机械工业大中型项目有18个，其中有5个是属于苏联援建的156项重点工程之内的。到1957年底，已有15个大中型项目全部或部分投入生产。这些企业，不仅新建的都是用苏联的最新技术装备起来的，改建的也对原有基础进行了彻底改造，使企业的面貌发生了巨大变化。“一五”计划结束后，全省金属切削机床生产能力已达到2.4万台，比1952年增长7.6倍，工业轴承生产能力已达到151万套，机车生产能力已达到120台，货车生产能力达到3000台。机械工业已成为为国民经济各部门进行建设和技术改造提供技术装备的重要部门。

三、能源工业建设。“一五”计划时期，国家重点对辽宁的抚顺、阜新、本溪的煤矿工业进行了规模巨大的新建、改建，并改建了抚顺的石油企业，以及阜新、抚顺、大连等地的火力发电厂。五年中，全省能源工业投资达11.3亿元，占全省工业总投资的24.5%，占全国能源工业总投资的15.8%。新建、改建的大中型煤矿井共21个，石油企业6个，电力工程11个。随着“一五”计划的完成，煤矿工业已有14个大中型矿井全部或部分竣工投产。石油工业方面，石油一、二、三、七厂等也改建完成，部阜新露天煤矿采矿现场分投入生产。电力工业方面，相继建成了抚顺、阜新、大连三个火力发电厂，使能源工业主要生产能力大为提高。煤矿采煤能力为2586万吨，发电设备能力为86.9万千瓦，原油生产能力为68.2万吨，分别比1952年增长了53%、73.5%和1.3倍。能源工业的建设与钢铁、机械等重工业部门的建设基本上同步进行，发挥了先行工业的作用。在集中力量进行重工业建设的同时，还新建和改建了一批化学、建材、轻工业等企业。

四、重工业基地的初步形成。在“一五”计划完成后，辽宁初步形成了以冶金、机械、化工、石油、煤炭、电力、建材等工业为主体的重工业基地。在冶金工业方面，建立了以鞍山、本溪、抚顺、大连为中心的炼铁、炼钢、无缝钢管和大型钢材制造，高级合金钢的冶炼和炼铝、炼镁等工业；在机械工业方面，建立了以沈阳、大连为中心的新式机床制造、高效率蒸汽机车制造、冶金设备和矿山机器制造、电气设备和高压输电设备制造、船舶制造等工业；在化学工业方面，建立了以沈阳、大连、抚顺、锦西为中心的基本化学、人造石油、合成化学以及抗生素、人造纤维等制造工业；在煤炭工业方面，建立了以阜新、抚顺、本溪、北票等矿区为中心的煤炭基地；在电力工业方面，建立了以抚顺、阜新、大连等为中心的火力发电厂。这些骨干重工业和黑龙江、吉林等兄弟省区的煤炭、机械、汽车制造等工业结合起来，共同使东北地区成为中国最先建成的重工业基地。

以鞍钢为中心，以重工业为主体的工业基地的初步形成，使辽宁的工业部门结构和地区分布发生了深刻变化。基本形成了以大连为中心，包括安东（今丹东）、营口、锦州等沿海工业城市地带和以沈阳为中心的包括鞍山、抚顺、本溪、辽阳等中部工业城市群体。以沿海工业城市地带为前沿，以中部工业城市群体为腹地，初步形成了整个辽东半岛和沿海地区矿产资源丰富、工业基础雄厚、交通四通八达、技术力量较强、经济相当发达的地区。这个地区是辽宁省的精华所在，堪称为全国的一块瑰宝。以机械工业为中心的沈阳与著名的钢都鞍山、煤都抚顺、煤铁之城的本溪相配合，已经初步具有相当的规模，成为东北工业基地的核心，在全国享有盛名，被誉为东方的“鲁尔”（鲁尔是原西德中部集机器制造、电、化学、石油冶炼、军火生产等多种工业在一起的最重要工业区）。

在积累资金支援国家建设方面，全省国有和地方国有工业企业通过上缴利润和缴纳税金共达 87.9 亿元，扣除同期国家对辽宁工业建设的投资，净提供的资金达 43.7 亿元。这些资金相当于当时建设三个鞍钢的投资。从此，辽宁以其工业原材料、装备制造、企业人才和技术支援全国，成为国家财政的重要支柱，为国家经济建设，增强国家实力，巩固人民民主政权做出了巨大贡献，赢得了“共和国工业长子”和“新中国的装备部”的赞誉。

“一五”建设期间，辽宁在进行大规模经济建设中也出现过一些问题。如 1955 年底和 1956 年初，生产建设出现过要求过急、盲目冒进的偏向，造成基本建设投资规模失控；又如，这个时期轻重工业投资结构不协调、轻工业投资太少，重工业投资过多，两者占工业总投资的比重分别为 6% 和 94%。这种重工业太重、轻工业太轻的情况，给以后的经济发展和人民生活的改善，都带来了不利的影响。

在挫折中成长

伴随着第一个五年计划的实现和社会主义改造的基本完成，辽宁人民同全国人民一道又进入了全面建设社会主义的新阶段。怎样根据省情进行社会主义建设，是摆在全省人民面前的一个大课题。省委、省政府根据“八大”精神和国家第二个五年计划的要求，明确了工作的中心任务仍然是工业建设，提出辽宁“二五”时期发展全省国民经济的具体方针：充分加强和利用已有的工业基础，进行必要的填平补齐，大力挖掘企业潜力，以便在支援内地经济建设中发挥日益重要的作用，并逐步扭转国民经济中某些不协调的状况，更好地按比例发展。

社会主义工业化初步基础的建立，为我国的经济建设开辟了广阔的道路，展现了美好的前景。可惜，后来由于我们在经济工作的指导思想上出现了严重的偏差，辽宁工业基地的发展也几经周折。在经历了“一五”时期轰轰烈烈建设后，从 1958 年开始，辽宁原本确定的“二五”时期发展的战略思路被打乱。在“以钢为钢，全面跃进，加快建设速度”的思想下，1958 年上半年，辽宁工业战线发动了“大跃进”，基本建设战线也提出了“跃进再跃进、力争最上游”的口号。比较典型的是全国掀起了“大炼钢铁”运动。辽宁作为全国重工业基地，钢铁工业实力相当雄厚，“一五”计划结束后，辽宁的生铁、钢、钢材产量分别占全国产量的 70.6%、63.2%、57.5%。在全国提出为 1070 万吨钢而奋斗的翻番计划后，辽宁承担起 44% 的任务，即近 470 万吨。为此在鞍山及辽宁一些地方掀起了一场全民大炼钢的高潮，全省各地建立起几千座小高炉，全民大炼钢铁，1960 年辽宁的钢产量由 1958 年 338 万吨增加到 677.6 万吨，三年翻了一番，矿产资源和生态环境遭到了严重破坏。基建投资增长过猛，总积累率高达 60%，国民经济比例严重失调，给辽宁经济带来严重的消极影响。

从1961年开始，党中央及时纠正了经济工作指导思想上的偏差，决定开展以“调整、巩固、充实、提高”为核心的国民经济调整工作。根据党中央的部署，辽宁的国民经济调整，主要措施是对产品质量差、成本高、长期亏损的企业实现关停并转，三年时间共裁并2204个工矿企业，精简职工100多万人；调整基本建设投资方向，提高能源工业、原材料工业、农业和非生产性建设投资的比重，积极发展轻工业，努力增加消费品生产，为解决全省人民吃、穿、用和促进农业生产起到了很好的作用。国民经济比例关系开始理顺，工业生产逐步恢复和发展。从1963年开始，国民经济进入全面调整时期，到1965年调整任务完成，经过调整，辽宁工业基地再展雄姿。1963—1965年工业总产值年均递增18.3%。轻工业增长48%，每年递增14%；重工业增长73%，每年递增20%。1965年工业总产值172亿元，比1962年增加了69亿元。同时加强企业管理，制定和恢复了一些合理的规章制度，经济效益也逐步提高，1965年企业每百元资金提供的利税比1963年提高了1.2倍。1965年同1957年相比，钢和钢材产量增长72%，生铁产量增长40%，原煤产量增长76%，发电量增长1.6倍，原油加工能力增长3.6倍。在此期间，辽宁的电子、纺织、新型化工等行业开始崛起，基本形成了比例适当、结构合理的工业经济新格局。

“二五”计划期间，辽宁累计完成基本建设投资82.7亿元，比“一五”时期增加17.6亿元，同比增长27%，占全国投资的比重由“一五”时期的11.8%下降到7%，同比降低4.8%。建成大中型骨干工程220个。建立形成了石油化工、无线电、稀有金属、精密仪表及手表制造等新兴工业部门，生产出一大批科技含量较高的、填补空白的产品。值得一提的还有锦州新兴工业的兴起和发展，1958—1965年，锦州的新兴工业从无到有、从小到大、从低级到高级，迅速地发展，在为国防建设和尖端科学技术服务、为满足社会和人民生活需要等方面，起到了积极的作用。锦州成为全国工业战线上的一面红旗，1966 年被国务院命名为“大庆式锦州新兴工业地区”，《人民日报》为此发表题为《全国都能有大庆》的社论。

辉煌永留史册

经过从国民经济恢复时期到“一五”“二五”建设时期，辽宁地区的企业试制和生产出上万种类的新产品，提高了辽宁在全国的经济比重和支援国家建设的能力。中国过去所没有的一些工业部门，包括飞机、机车和船舶制造业，重型和精密机器制造业，冶金和矿山设备制造业，巨型输变电制造业以及高级合金钢和有色金属冶炼业等，都从无到有建立起来，形成了比较完整的重工业体系，辽宁基本成为向全国提供以原材料和机电设备为主的重工业基地。其中一些技术含量非常高的产品填补了国内空白，先后研制生产出多个“中国第一”，如：第一台万能铣床、第一台 5 吨吊钩桥式起重机、第一个万伏级高压线圈……这一个个“第一”，既是辽宁的辉煌，更是共和国的辉煌，见证了辽宁成为“共和国工业长子”和“新中国的装备部”的成长历程。

在我国实施“一五”计划期间，以苏联为首的社会主义国家给了我们巨大的援助。邓小平曾经说过：“我们从来没有忘记在中国第一个五年计划时期苏联帮助我们搞了一个工业基地。”这段话，反映了中国人民对苏联政府援助的感谢之情。就辽宁 24 项重点工程来说，情况的确如此，以辽宁为中心的东北工业基地的建成与当时苏联政府的援助是密不可分的。当然因为政治原因，我们对苏联专家的建议基本是无条件服从，在实践中也带有一定的盲从性，完全照搬苏联的经验，对其他国家的先进技术和管理一律不能学、不敢学，所以苏联专家撤走后，给我们的工程建设带来了不小损失。

大规模经济建设的完成，增强了辽宁的经济实力，提高了辽宁在全国的经济地位。“一五”计划时期，通过大规模的基本建设和技术改造，在辽宁基本形成了一个以向全国提供原材料和机电设备为主的重工业基地。1957 年，全省工业总产值达 102 亿元，仅次于上海（占 16.5%），居全国第二位。重工业产值达 72.4 亿元，占全国重工业总产值的 22.7%，居全国第一位。在主要产品中，钢、生铁、钢材、纯碱、烧碱、变压器的产量占全国产量一半以上，原油、发电量、水泥、平板玻璃、合成氨、金属切削机床产量占全国 1/3 左右。此外，飞机、军舰、弹药等军事工业也占有较大比重。全国支援了辽宁，辽宁也支援了全国的经济建设。在物资方面，全省共调出生铁 490 万吨，钢材 438 万吨，水泥 575 万吨，化肥 81 万吨。这些物资中，钢材、有色金属、水泥、石油炼成品和化肥等都占全省同期总产量的 54.6%—73.3%。鞍山钢铁公司调出的钢材在支援武汉长江大桥、第一汽车制造厂、玉门油田、三门峡水电站和包头钢铁公司等重点工程建设中，都起到了重要作用。在机电设备支援方面，全省支援各省区的机电设备总数量达 1810 万吨，占全省同期总产量的 63.5%。在技术干部、工人和管理干部支援方面，全省共向兄弟省支援输送 80321 人，其中工程技术人员 7445 人，熟练技术工人 56479 人，管理干部 16397 人。

辽宁省还为全国输出了经验和应该吸取的教训。当时的主要经验有：正确的决策是工程建设的首要条件；立足国外，又立足国内，全国一盘棋，确保重点工程建设；加强领导，大搞团结会战，是实施高速建设的保证；积极消化引进技术，搞好职工培训，培养自己的生产建设人才；生产和基建两不误；等等。主要教训是：进行工业建设，必须认真掌握并遵循其发展的基本规律和特点，坚持两点论；必须加强设计方案的制定和审定，确保设计方案准确、可靠，防止因出现失误造成损失和浪费；必须加强基本建设实施过程中的协调配合，设计赶在施工之前，设计严密且质量要高，材料供应要及时，保证建设的顺利进行；等等。

总之，经过"一五""二五"时期，特别是"一五"时期的建设，辽宁广大工人群众以无私忘我的劳动热情和刻苦打拼的科学态度，一个个技术难关被攻克，一项项纪录被刷新，一批在共和国工业史上起着重要作用的大中型企业矗立起来，不胜枚举的工业奇迹在这里出现。这个时期辽宁工业经济建设的业绩是辉煌的。虽然，这些业绩已成为历史，但是，辽宁广大职工群众所展现出来的敢为人先、艰苦创业、兢兢业业、勤俭建国、无私奉献、勇往直前、不怕牺牲的精神，仍是我们不断进取、不断创造辉煌的宝贵精神资源。

“石油师长”张复振

张自智　张金城

新中国成立以来，迄今为止，以石油工业部名义只立过三块纪念牌：一块在玉门，为纪念中国石油勘探事业的奠基人著名地质学家孙建初；一块在大庆，为纪念在开发大庆油田中作出卓越贡献的“铁人”王进喜；一块在中原油田，为纪念中国石油运输事业的开拓者张复振。这三块纪念碑相映成辉，鼓舞着一代又一代石油工人不断前进。本文给大家讲述的就是中国石油运输事业的开拓者，被誉为“石油师长”的张复振的故事。

从亲历“西安事变”到率部起义

1907 年 7 月，张复振出生在山东省莘县一个贫苦农民的家里。张复振八岁那年，父母通过变卖农产品，换得几块大洋，送他进学堂，有幸读了几年私塾。

1925 年，18 岁的他偷偷背着父母离开家乡，决心当兵从戎。在河南省金堤河下游他遇上冯玉祥的部队，当了一名士兵。从此，张复振便开始了长达27年的军旅生活。

1926年9月，冯玉祥五原誓师进行北伐。张复振由于作战勇猛，由士兵逐步被提升为连长。1930年，蒋、冯、阎中原大战，冯玉祥失败，张复振所在的部队归入杨虎城的十七路军。张复振被任命为十七路军陕西警备师三团一营营长。

1936年12月西安事变爆发，张复振率领警备营从三原驻地开到了西安城都，担负了捉蒋行动的外围巡防任务，并担负了保护张学良、杨虎城两将军和以周恩来为首的中央谈判代表的安全任务。在重大历史转折关头，为抗日统一战线形成立了战功。

而早在三原驻防期间，红军就与十七路军已有往来。红军领导人任弼时、贺龙、左权、博古、杨尚昆、陆定一等经常到十七路军视察。彭德怀副总司令还受邀给十七路军营以上军官讲过话，张复振就是这一次近距离地见到了彭德怀副总司令。通过西安事变和与红军指战员接触，使张复振看到了红军的抗日精神和顽强斗志。他开始仰慕这支人民军队，渴望能成为其中一员，后来张复振得知本部队有位名叫张归仁的人是中共地下党员，便立即去结交，并成为好友。在张归仁的介绍下，1938年1月张复振在晋东南前线秘密加入了中国共产党。

卢沟桥事变爆发后，张复振在国民党三十八军抗日爱国将领赵寿山的率领下奔赴抗日前线，转战娘子关、雷花山、中条山等地抗击日军，屡立战功，被提升为三十八军五十团团长。

蒋介石视原杨虎城部队的三十八军为刻骨仇敌。蒋介石先以调虎离山之计，把三十八军德高望重的老军长赵寿山明升暗降调走，接着安插亲信进入三十八军掌握实权。1944年，中共中央根据三十八军当时的形势，遂派我党优秀干部周仲英、张西鼎秘密进驻三十八军，帮助其摆脱困境，以保存这支抗战有生力量。

1945 年元月，周仲英经过辗转、隐蔽进驻三十八军五十团张复振部队。

从这以后，张复振根据党的“隐蔽精干，以待时机”的方针，迅速成立了党支部，发展共产党员，在部队里开展革命宣传教育。1945 年 6 月，蒋介石下令将张复振所属的三十八军十七师整编并入胡宗南的四集团军。根据中共中央指示精神，张复振和党支部成员秘密商议，决定在并编之前组织起义。7 月 16 日，张复振和党支部成员通过周密策划，突然行动，扣留了十七师师长李维民，镇压了公开抗拒的顽固分子，率领十七师 3000 余人顺利起义，回归到了解放区。

十七师抵达豫西后，毛主席、朱总司令特意发来电报慰勉欢迎他们，并任命张复振为十七师师长。

解放战争开始，张复振随刘邓大军南征北伐，为推翻国民党反动统治英勇战斗，屡建战功。

石油师长　激情岁月续新篇

20 世纪是名副其实的“石油世纪”。1950 年新中国刚刚诞生，美帝国主义就悍然发动了侵朝战争，赴朝作战的中国人民志愿军与美军展开了一场智力、钢铁和石油的较量。而当时全国天然石油的产量只有 9 万吨，美国人均石油占有量是中国人均占有量的数千倍，加之百废待兴的新中国建设也急需石油，国家把宝贵的外汇几乎全部用来购买了石油。因而石油这颗棋子不可避免地成为新中国棋盘上的“胜负手”。新中国的领袖们深知石油短缺的严重性，并为此而焦虑。

1951 年政务院专门成立了西北石油管理局，重点开发建设新中国第一个油田基地——玉门油矿。后曾任国务院副总理、时任西北石油管理局局长的康世恩认为：培养一支石油职工队伍是开发建设玉门油矿，实现石油工业大发展的关键。他想到了军队。于是康世恩给朱德总司令和工业部部长陈郁写了一封《关于调拨一个建制师担任第一个五年计划发展石油工业基本建设任务的报告》，报告马上被转到了聂荣臻总参谋长那里，他向周总理写了报告，周总理迅速作了指示：“即将西北建筑工程师拨作此用。”

1952 年中央军委和西北军区反复考虑研究后，决定让张复振率领的十九军五十七师担此重任。这年 2 月毛主席亲自签发了命令：十九军五十七师转业为中国人民解放军石油工程师，张复振任师长。于是中国石油自给之路与张复振和他率领的全体指战员紧紧联系在了一起。张复振的“石油师长”也因此名扬全国。

经过一年多时间的组织上、思想上、文化上和专业技术方面的准备，1953 年 3 月，石油师长张复振率领全师近 8000 名指战员千里奔波来到了玉门油矿，并担任了玉门矿务局第一副局长。

玉门油矿的开发是从 1938 年开始的，到 1949 年解放接管，历经 11 年，产原油 50 多万吨，占同期全国石油总产量的 90% 以上。第一个五年计划中，它被列为开发建设的重点，国家给予了大量的资金投入。张复振率领的近 8000 名石油师指战员来到玉门油矿后，为了加大对玉门油田的开发，生产更多的石油，分配 4300 多人到玉门油矿采油第一线工作，并先后成立了钻井处、基本建设工程处、运输处等。数千名石油师指战员的参战，为我国第一个天然油田开发注入了极大的动力，作为师长和油矿重要领导的张复振同时也感到自己肩负的责任重大、任务艰巨。

石油师的到来给玉门油矿注入了强大的生命力，原油产量在 1952 年 14 万吨的基础上大幅度增长。除一小部分自炼外，大量原油要外运到内地各炼油厂加工。于是“原油东运”的艰巨任务又摆在了张复振面前。那时，玉门油矿正在勘探之中，产量有多大，开采时间能有多长，都不能最后确定，公路与火车接力运输成了最现实、最便捷的方法。1953 年兰新铁路才修到兰州以西的打柴沟，距离玉门油矿还有 662 公里，国务院下达“原油东运”任务后，西北石油管理局决定用汽车把玉门的原油运到火车站，再转运到内地各个炼油厂，所以急需培养一批有熟练驾驶技术的司机担此重任。张复振接到命令后，亲自担任了运输处处长，立即组建了汽车团，并亲自把关，加紧操练，用六个月时间培训出了 1100 名政治坚定、身体健康、技术熟练达到五级的汽车司机。

1953 年 11 月 12 日，原油东运的剪彩仪式在玉门油矿隆重举行。数百辆首批参加原油东运的大型柴油罐装车装满原油，一字摆开，随着石油师长张复振一声令下，马达轰鸣，数百辆车向嘉峪关奔去。艰巨的原油东运正式开始。

一个月后，大连石油七厂给玉门油矿运输处发来一封电报：“玉门矿务局首批原油已于 12 月 15 日经打柴沟火车站安全抵达大连，我们七厂的全体职工向光荣的石油运输工人致以崇高的革命敬礼。”

原油东运开始后，张复振亲临运输第一线，狠抓了技术练兵和安全生产工作。1954 年虽然受到气候寒冷、铁路塌方、电力供应不足、汽车修理配件缺乏的影响，但仍然外运原油 62015 吨，超额完成了任务。这一年夏天，人民日报社编辑袁良受总编辑邓拓委托，来到玉门油矿采集稿子。12 月 17 日，《人民日报》发表了玉门矿务局第一副局长张复振的文章《艰难的原油东运》，在全国石油战线引起了强烈反响。

从 1954 年到 1956 年 6 月 31 日火车通到玉门为止，两年多时间里，张复振率领他的运输大军共外运原油 22 万吨，创利润 1762 万元，胜利完成了第一个五年计划期间国家交给玉门油矿原油东运的任务。

20 多万吨石油，对今天已是产油大国的中国来说是微不足道的，但在那个百废待兴的年代里却为我国国民经济的发展提供了急需的燃料、注入了极大的动力，同时也体现了当时以张复振为代表的石油工人艰苦创业、自力更生的伟大精神。

首位玉门市市长

1953 年 10 月，为了适应玉门油矿快速发展的形势，经国务院批准后，甘肃省人民政府开始筹建玉门油矿地方政府，成立了以焦万海、张复振为主要成员的玉门市人民委员会筹委会。经过一年多的筹备，1955 年 9 月，顺利召开了玉门市第一届人民代表大会，通过民主选举，代表们一致选举为玉门油矿带来生机和活力的“石油师长”张复振为玉门市第一任市长，同时兼任玉门矿务局第一副局长和玉门市人民委员会党组书记。

玉门市人民政府成立后，面临的任务十分艰巨，人员不足、资金短缺，百废待兴。

张复振首先带领大家以较快的速度健全了地方政府机构。在原矿区法院和检察院的基础上成立了玉门市人民法院和人民检察院，设立了市政府办公室及民政、建设、文教、卫生、工业等 14 个科室 6 个局委，并相应建立了乡村、街道等基层单位，并通过各种渠道，为政府机构调配了 1300 多位工作人员，保证了地方政权各项工作正常运转。

市人民政府还顺利接收了玉门矿务局生活供应处的木器、制鞋、缝纫、食品、燃料、养殖等厂子的设备和人员，成立了百货、贸易、纺织、食品四大公司。为了增加商品来源，张复振派商业部的工作人员把采购点从河西至兰州延伸到西安、上海、天津等地，扩大了玉门市人民群众的商品种类和数量。张复振还特别重视农副生产，1956 年在酒泉、嘉峪关两农场新开荒地上万亩，在种植粮食的同时，将自产的蔬菜 350 多万斤运往矿区、市区销售，丰富了职工、市民的菜蓝子。市政府还引用疏勒河畔的天然牧场养牛羊几千头（只），所产的肉奶供应矿市区，使地处戈壁深处的职工、市民吃到了自产的鲜肉、鲜奶。为了改善市民居住条件，张复振组建了 500 多人的建筑队伍，配合市建筑公司开展大规模的住宅建设。在改善市民居住条件的同时，他还指挥整修了市容和街道，建起了市区至赤金公路，增设了公共汽车。随后他带领市委、市领导班子，加大了文化教育事业的建设发展，先后建起了多所中、小学、幼儿院和电影院、剧团、文化宫等，并在全市开展了大规模的扫盲运动。

张复振在为玉门市的建设废寝忘食、尽心尽力工作时，总是把自己的个人利益放在最后。在改善市民居住条件时，张复振原来被安排住在一幢条件较好的楼房里，后因外国专家来矿区，他把楼房让了出来。后来职工们的住宅条件改善了，但他却还住在简陋的平房。市政府开展社会救济时，张复振的岳父、岳母加上几个孩子一大家子，生活很困难，张复振的秘书咸雪峰看在眼里，向当时任矿务局局长的杨拯民（杨虎城将军之子）反映。杨拯民说："这事我早给有关部门打过招呼了，为什么不办?"他立即给有关部门写了条子，让给张复振岳父家做些补助。张复振知道后，把咸雪峰批评了一顿，说："现在大家都困难，我不能搞特殊，以后再不能这样做。"张复振简朴的生活方式和无私的工作作风至今还在玉门市民中传颂。

张复振任玉门市市长只有一年多时间，由于他密切联系群众，脚踏实地地工作，克服了重重困难，玉门市建设取得了显著成绩，受到了玉门市民的好评，从而也促进了玉门油矿的开发建设步伐。从此，我国石油工业系统第一个政企合一，有利生产、方便生活的新型矿区诞生了，为今后我国更多的政企合一新型矿区积累了经验、创开了路子。

二次创业　建起运输大本营

1956年，中央军委根据经济建设的实际需要，撤销了石油师的番号，张复振率领原石油师三团和西北石油管理局运输处人马组建了中国石油运输公司，张复振被任命为石油运输公司党委书记、经理，同时兼任青海石油勘探局第一副局长。

随着兰新铁路的向西延伸，玉门的油品将由火车运输，石油运输基地迁往何处人们非常关心。张复振经过调查和考证，主张将基地建在敦煌，这样可以北上新疆南下青海，得到了石油部的批准。

敦煌河西走廊西端，自古以来是“丝绸之路”的咽喉和中外文化交流枢纽，并且物产丰富，农业条件好，是建设石油运输大本营的理想之地。这一年，石油运输公司的第一批人马240多人首次进驻敦煌，并担负了柴达木油田勘探开发所需的器材运输任务。为了不给地方增添麻烦和负担，张复振让他的运输大军驻扎在距县城七公里的戈壁滩上，并临时搭起帐篷，自己烧火做饭。后来石油运输公司的基地便在这块戈壁滩上建起，没有占用当地一分垦地。

在基地大营建设上，张复振率领全公司员工二次创业，像当年建设玉门油矿一样，白手起家、自力更生、艰苦奋斗。本着因陋就简，生产与生活并举的方针，在昔日寸草不生荒凉的戈壁滩上建起了职工宿舍、家属住宅区、学校、医院、汽车修配厂、文化宫、电影院、邮电所、新华书店……并移土植树，大搞绿化。经过十多年的建设，昔日的戈壁滩变成了绿树葱翠、屋舍俨然、厂站林立、生机盎然的基地大本营，同时也成了敦煌第一大镇——七里镇。

石油运输公司成立后，缺少的仍然是技术过硬的汽车驾驶员。在建设石油运输大本营的同时，张复振利用敦煌七里镇广阔的戈壁上，培养了5000多名素质好、能胜任驾驶任务的汽车司机。一队队石油运输车辆从这里出发上新疆、去青海、到大庆，然后转战河北、山东、四川，遍布全国，为我国石油工业发展作出了巨大贡献。

石油运输公司的汽车修配厂是基地大本营的重要组成部分，有职工2000余名，承担着数千辆汽车的修理任务。在张复振的领导下，汽车修配厂创造出了一个又一个辉煌。特别是在研制汽车配件、探索柴油车修理开发方面闻名全国，被誉为古阳关道上的一颗明珠。当时，石油运输公司的大部分车辆从苏联、东德、捷克进口，大部分零部件当时国内没有生产厂家，一直靠进口，不但花大量外汇而且远水解不了近渴。张复振号召全体职工发扬自力更生、勇攻难关的精神，于1958年至1963年五年时间自创出了主轴、齿轮、柴油机、高压泵、变速箱、汽缸套等高精汽车零配件。1964年、1965年开发出了“敦煌”牌载重6.5吨、12吨柴油车和“敦煌”牌越野小汽车。1958年7月朱德委员长在玉门视察时，兴致勃勃地参观了石油运输公司汽车修配厂举行的产品和技术操作现场会。当石油部领导向朱德委员长介绍了张复振后，朱德委员长立即热情地握住张复振的手说：“石油师长，我久闻大名了，你现在搞的汽车修配厂真是了不得啊!”

1965年国庆节，“敦煌”牌载重柴油车和越野车被石油部专门接到北京开了个展览会，中央、国务院的领导们都参观了展览。《人民日报》专门配发照片对石油运输公司汽车修配厂作了报道。时任西北局书记的刘澜涛还兴致高昂地站在“敦煌”牌越野小汽车前拍照留念，并配写文章在当时《甘肃日报》上发表。时任石油部部长的余秋里与副部长康世恩当天请张复振共进晚餐，康世恩还自己掏钱买了茅台酒为张复振庆功。

在敦煌基地工作的15年里，张复振还十分关心敦煌地方各项建设。他经常到敦煌县委、县政府走访，虚心请教、征求意见。如果地方上有什么困难，他都让公司在力所能及的范围内帮助支援。在600多公里河西走廊石油运输路上，人们都知道穿军装的是张师长的部下。石油公司基地距离世界文化遗产莫高窟只有三十几公里，张复振经常对部下说：“千佛洞（莫高窟俗称）是举世闻名的文化遗产，我们都有保护的义务。”20世纪五六十年代莫高窟通电、维修洞窟，张复振派公司技术人员专门为他们拉电线、安设备、维修机器，还经常在车辆、油料、水、电以及宾客接待上大力支持。因此，张复振与著名画家、敦煌研究所所长常书鸿结为知己，常书鸿也经常到七里镇基地走访，对石油运输公司工人艰苦创业的精神赞叹不已，还专门作画进行颂扬。

当时任甘肃省委书记的汪锋来到敦煌视察时，深有感触地说：“过去有人说‘西出阳关无故人’，而现在是‘西出阳关皆亲人’，到处都有张师长的队伍，他们和当地群众亲得像一家人。”

铁马飞越万重关

1956年9月5日，《人民日报》发表了《支援克拉玛依和柴达木》的社论，号召全国各行各业支援这两个油田的开发。此后不久，张复振又毅然奉命，率领运输大军开始向柴达木挺进。

柴达木盆地位于青海省西部，面积20多万平方公里，被昆仑山、祁连山、阿尔金山所环抱，海拔高，风沙大，气候极为恶劣，被称为“死亡之海”。张复振首先派出一支先遣队，历尽艰辛，深入柴达木盆地探明了路线，同时指挥第三运输大队1148人、257辆卡车从敦煌往柴达木运送器材。随后公司在柳园、西湖、阿克塞等地建起了12个食宿站。1957年3月，张复振指挥运输大军大规模挺进柴达木，西运器材、东运石油，虽然柴达木盆地的气候恶劣，路况也比玉门原油东运时艰险得多，但张复振胸怀全局、举重若轻，使各项工作全面铺开，运输顺利进行。

那时候，石油运输公司在册职工已由1953年的1871人发展到了5462人，车辆由原来的几百辆增加到了1097辆。但随着新油田的开发，原油产量大幅度上升，运输任务日益艰巨。

1958年国家给石油运输公司下达了“二五”计划任务后，张复振在召开公司职工大会时，满怀激情地鼓励大家：“第二个五年计划已经开始，我相信，公司一定能在‘一五’的基础上取得更大的胜利。”

在张复振的率领指挥下，石油运输公司全体职工克服重重困难，在保证青海原油东运的同时，还保证了甘、青、新三省区各个油田的器材运送，并在工作实践中探索出了“拖罐”接力运输的新路子，使油品运量大幅度升高。石油运输公司从进入柴达木到1960年为止，五年时间运进青海油田的器材29.6万吨，运出冷湖原油24万吨。胜利地完成了国家下达的第二个五年计划的运输任务。

1960年青海原油以自炼为主，运输公司大批车辆进入新疆，展开了我国石油发展史上第三次更为艰巨的原油东运。

1958年3月，石油部决定重点在全国建立10个石油勘探战略区，其中五个老区中有准噶尔、柴达木、河西走廊、四川、鄂尔多斯，以川中和克拉玛依为重点。这年10月，石油部在克拉玛依召开了生产现场会，余秋里部长提出：要石油运输公司在青、新两地运出原油90万吨。余部长握住张复振的手说：“国家急需石油，运输成了石油生产的生命线，青、新两地原油运不出去就会影响全国经济建设步伐，事关重大，拜托你了。”张复振深感自己肩上的担子不轻，他向余部长表示：“我们采取一切措施，保证完成任务。”于是张复振在指挥青海原油东运的同时，抽调大批车辆北上新疆，他长年奔波在甘、青、新三省区，在长达3000多公里的运输线上指挥运输大军。

根据石油部指示，运输公司迅速抽出第一运输大队200多人、30多辆车，驶出星星峡，翻越天山，日夜兼程，直奔新疆独山子。在那里接收了新疆石油局的250辆大拖拉车，拉开了克拉玛依原油东运的序幕。随着克拉玛依油田全面勘探开发，原油数量不断增长，张复振又于1959年派第二、第三批运输人马共1800多人、500多辆大型柴油车和解放汽车进入新疆。

在这三年时间里，张复振率领运输大军在新疆运进器材12万吨，运出原油和成品油78万吨，再一次圆满完成了国家下达的任务，创造了又一个辉煌战绩。石油运输公司在张复振的领导下，由小到大、由弱到强，逐渐发展成为中国石油工业战线上一支拖不垮、打不烂的石油运输野战军。从1953年玉门原油东运到1963年，十年间石油运输公司职工人员迅速发展到了9831人，各型车辆达到了1492辆，共完成货物周转量19.7亿吨公里，运输器材油品总量446万吨，经济收入达4亿多元，成为我国最大的石油运输企业，为我国石油工业发展作出了巨大贡献。

1964年以后，全国石油运输形势发生了新的变化，玉门原油公路运输早已结束，青海冷湖油田原油自炼，新疆克拉玛依输油管线通到了王家沟，开始火车运输。张复振根据石油部指示，抓住运输形势变化，作出新决策：让这支能征善战的运输大军随时听从调遣，支援东部新油田建设。这期间，石油运输公司的近万名职工东迁南调，奔赴大庆、华北、胜利、中原，转战山东、四川，参加油田大会战、大开发建设，并涌现出了诸如“铁人”王进喜和杨成年、潘守美、伍忠顺等一大批英雄人物和劳动模范，为我国东部新油田的开发建设发挥了巨大作用。正如石油部长余秋里说的那样："哪里有油田，哪里就有运输公司的人。"

20 世纪五六十年代，在中国的铁路和管道运输建设滞后的情况下，石油公路运输成了石油工业发展的生命线。如果器材运不到探区，钻机就要停钻，如果原油运不出去，炼油厂就要停产，石油公路运输成了那个时期油田开发建设的重要因素。因此有人说：中国的石油工业是靠汽车轮子跑出来的，这话一点儿也不假。张复振当之无愧地成为中国石油运输事业的奠基人和开拓者。

1966 年石油运输队伍东迁西调任务完成后，石油部领导考虑到张复振已在戈壁大漠和高原上兢兢业业，辛苦奔波了 15 个年头，如今年岁也大了，调他到北京石油部工作，让他在晚年过一段相对舒适的生活。但张复振却婉言推辞了这次调动，依然留守在中国西部的石油运输公司基地。

石油部长余秋里与张复振的友情

石油部长余秋里与张复振虽然是上下级关系，职务差别也很大，但在为新中国石油工业共同奋斗的历程中，两人结下了深厚的友谊。

余秋里曾先后三次来过石油运输公司敦煌基地，每一次来他总是细心地听取张复振的汇报，总能在那里看到让他欣喜的新变化。1959 年余秋里第一次来敦煌基地，知道了运输公司加挂大型拖罐，油品运量大幅度增长；1961 年余秋里来敦煌基地，知道运输公司用八字法大搞修旧利废，开展自力更生，攻难关，探索新技术活动，解决了汽车维修所需的配件困难；1962 年余秋里在敦煌一住就是六天时间，好像有看不完、看不够的东西。其实也是张复振淳朴、真诚、善良、实干的本质吸引了余秋里，他对张复振的尊重、信任和爱护可以说是胜过了他在石油系统的任何一个下级。

每一次来石油运输公司视察、检查工作，余秋里总不忘要到张复振家里去坐坐。他叮嘱张复振不要请什么食堂大师傅来家做饭菜，他吃张复振日常吃的家庭饭菜就行了。每次吃过饭后，余秋里总要和张复振促膝谈心，一谈便是一两个小时。余秋里第一次来敦煌基地张复振家里，看到了张复振一家老小住着一处五六十平方米的房子，生活条件太差，心里很过意不去，便立即要求公司专门给张复振重新修一栋房子。但张复振却坚决不同意。第二次余秋里来敦煌基地，看到张复振还住那处旧房子里便发了脾气，这也是石油运输公司职工第一次见余秋里发那么大的火，他说：“你们张经理岁数大了，家中人多，挤在一处那么小的房子里，连身都转不过，让他怎么休息？这是我决定的，房子不仅要盖，而且要盖好一点，今年我要抓落实。”就这样公司终于给张复振修了处新房子。可房子修好了，张复振还是迟迟不肯搬入，听说余秋里部长又要来敦煌基地了，这下可急坏了部下，他们几次三番地苦苦请求张复振说：“你再不搬进去，余部长来了可又要训我们了。”最后张复振终于同意搬了，但条件是公司的另一位住房紧张的领导同时搬入。就这样张复振一家在余秋里部长直接关心过问下终于搬入了新居。1962 年余秋里来敦煌基地，正是国家处于三年自然灾害的困难时期，石油运输公司的生活供给也陷入困境。作为公司经理的张复振因为整日操劳工作加上挨饿，显得心力交瘁，面容黑瘦。余秋里看到了很牵挂、心疼，回到北京后他专门托人给张复振捎来了两瓶鱼肝油，让他滋补身体。

1961 年张复振接到通知，从新疆一分公司乘飞机到北京石油部开会，余秋里亲自派石油部办公室王主任开着部里最高级的吉姆车去接他，并安排张复振住进接待水平较好的华侨大厦。余秋里说：“张复振劳苦功高，应该让他享受这样的待遇。”会议结束后，张复振要回去，余秋里再叮嘱一同来开会的张复振几个部下：“你们回去一定要照顾好张经理，让他吃好、睡好，他年岁大了，身体也不好，我在这边拜托了！”

1964年，时任解放军总参谋长的罗瑞卿到新疆视察工作，看到独——乌运输线上一队队淡绿色的大拖拉车、银灰色的依法车、深绿色的解放车奔驰而过，便问身边的工作人员："这是哪里的车？"工作人员说："车上写着石油部工业部运输公司，是石油部的车。"罗瑞卿一到北京就打电话给余秋里，连声称赞石油运输公司，说："你的车队好威武呀！"正好张复振在北京参加石油部厂矿会议，余秋里找到张复振鼓励他说："罗总长表扬你们了，你可给我争光了。"

张复振在"文革"中蒙难不幸去世后，余秋里感到十分悲痛，专门写了文章纪念这位为中国石油工业作出突出贡献的老部下、好挚友。余秋里写道："张复振对党对人民忠心耿耿，为石油事业呕心沥血，奉献了一切，我们永远怀念他。"

"文革"蒙难 中原树碑慰忠魂

正当张复振继续以饱满的热情投入石油工业建设中时，史无前例的"文化大革命"开始了。一时间大字报大批判铺天盖地而来，造反派把批斗矛头指向了张复振等公司领导。张复振被强加上"走资派"罪名遭到诬陷、迫害。

1967年9月，张复振因为长时间遭受精神和肉体残酷折磨病倒了，好心的部下就以新疆一分公司要揪斗他为借口，偷偷把他送到新疆一分公司医院治病。这一年10月，敦煌基地的造反派制造了骇人听闻的流血事件，16名群众被杀害。正在治病的张复振在病床上再也躺不住了，拖着病体从新疆赶回了敦煌，想阻止事态进一步恶化。但随后张复振立即遭到了造反派更残酷的批斗折磨。1968年9月14日，这位曾在战争年代出生入死、屡建战功，在和平年代为中国石油工业发展立下汗马功劳的"石油师长"终于被迫害致死，终年61岁。然而张复振的遭遇并没有结束，人性泯灭、道德沦丧的造反派还将张复振坟墓挖开，拖出尸体，浇上汽油进行焚烧，上演了为古今中外所不齿的野蛮暴行。

张复振惨遭不幸，匆匆离世的消息传开后，震惊了全国石油工人的心灵。石油运输公司分布在五湖四海，全国各地的职工们自发组织起来，拿着证明材料，四处奔走，为他申冤。

1970 年，石油运输公司大部分人员搬迁江陵参加江汉油田大会战。这年 2 月，“铁人”王进喜从潜江“五七油田”会战指挥部赶到江陵，本打算来看一看自己尊敬的老领导张复振，才得知张复振已蒙难去世，王进喜心情极为悲痛。他饭也不吃，水也不喝，驱车赶回潜江，直接找到时任石油工业部部长的康世恩为张复振鸣不平。

1972 年 6 月，中共“五七油田”会战指挥部委员会下发了《关于张复振问题的批复》，为张复振昭雪平反，恢复名誉。随后石油工业部在江汉油田为张复振举行了庄严肃穆的骨灰安放仪式。

1985 年，是张复振率部起义回归人民军队 40 周年纪念，石油工业部在中原油田的黄河林园为张复振立了纪念碑，这也是迄今为止，以石油工业部名义立的第三块碑，以追念表彰他一生的光辉历程。时任全国政协常委、副秘书长，曾担任过玉门油矿矿务局局长的杨拯民现场赋诗一首纪念自己的老战友：

抗日石油溯渊源，西安事变是开端。复振一生双体现，英雄勋绩树中原。

中国天然橡胶事业发展的前前后后

许人俊

天然橡胶是关系国计民生的重要物资，它和钢铁、石油、煤炭并列为现代社会四大工业原料，不仅为民用工业大量需要，军用工业更离不开它。但天然橡胶并不是任何国家都能生产的，它对地理环境、土壤、气候、湿度等自然条件要求很严。国际权威人士通常认为："橡胶只能生长在界限分明的热带地区——大约赤道南或北 10 度以内，超越这一地区都是禁区。"世界上天然橡胶主要生产国，大多集中在赤道以南 10 度到赤道以北 15 度之间，其中有马来西亚、印度尼西亚、泰国、印度、斯里兰卡。

长期以来，天然橡胶产量一直稀少，不能充分满足各国经济和军事建设需要，其始终供不应求。因此，世界各国都十分关注发展天然橡胶，有些国家甚至跨越国界，不惜重金到热带雨林国家租地建立自己的天然橡胶生产基地，以满足本国经济和国防建设的需要。

第二次世界大战结束后，资本主义和社会主义两大阵营对立，冷战不断。以美国为首的资本主义国家，凭借气候、土壤适宜种植橡胶的优势，曾将天然橡胶列为战略物资，对以苏联为首的社会主义国家实行严密封锁、禁运。当年的社会主义阵营国家，因受地理位置等自然条件限制，没有任何一块土地可以种植天然橡胶，只能依靠化工部门用石油做原料，生产合成橡胶作为替代品。而合成橡胶不仅成本高，其综合性能也远比天然橡胶差。尤其是军队的飞机、大炮、装甲车轮胎，更是离不开天然橡胶做原料。

如何才能冲破经济封锁搞到天然橡胶，这成了当年社会主义国家的难题。它们常常不惜一切代价，千方百计从资本主义国家秘密套购天然橡胶。解放前，我党香港地下组织就曾经以华润公司名义，在东南亚国家购买天然橡胶。1948 年底，人民解放战争节节胜利，国民党政府由南京撤到广州，苏联驻华使馆随同迁往广州时，曾经借机搜集我国广东、海南种植天然橡胶的有关资料，并向斯大林及时汇报。他们热切期望新中国诞生后能够种植天然橡胶，为社会主义阵营的战略物资填补空白。

1950 年 10 月，朝鲜战争突然爆发，作为战略物资的天然橡胶更是供不应求。前方飞机、大炮、汽车以至于军用胶鞋急需天然橡胶，后方物资运输、医疗卫生和工农业等需求量也很大。中苏两国无论是国防建设还是经济建设，都需要大量天然橡胶，天然橡胶比黄金还要宝贵。于是，两大阵营在天然橡胶供应问题上，展开了封锁和反封锁的斗争和较量。

当时，东南亚的锡兰（今斯里兰卡）刚刚摆脱英国殖民统治获得独立，它是世界上橡胶主要生产国之一，年产天然橡胶 10 万吨。该国以种植园经济为主，国民食用大米完全依靠国外进口。英、美等国对刚独立的锡兰实行歧视、打压政策，乘机抬高大米价格，同时故意压低橡胶价格，引起锡兰政府严重不满和气愤。

锡兰是我国邻邦，1950 年就同我国建立外交关系，他们的总理班达拉奈克夫人对我国十分友好。周恩来总理得知这一情况后，立即指示外交部门主动向锡兰政府提出一年内按优惠价格以大米换橡胶的建议。他们非常满意，双方迅速签订政府协议。尽管美国施以强大压力，班达拉奈克夫人依然勇敢地向我国提供5万吨天然橡胶。不仅缓解了我国抗美援朝战争急需天然橡胶的燃眉之急，我们还将部分橡胶转售给苏联，帮助苏联解决了橡胶供不应求的问题，斯大林十分高兴。

当然，斯大林并不满足于暂时获得一些橡胶，他考虑更多的是长远战略。于是，后来他常在不同场合、不失时机，多次向我国领导人提及发展天然橡胶问题。据毛泽东主席的俄语翻译、中央书记处办公室主任师哲回忆：1951年6月，美国军队在朝鲜战场受到沉重打击后，曾经表示愿意和谈。我国政府当即派高岗等陪同朝鲜首相金日成前往莫斯科通报情况，会同斯大林等研究对策。

那次正式会谈基本结束后，双方人员相继在休息厅随意交谈。交谈中，斯大林突然向中国代表谈起发展天然橡胶问题，他饶有兴趣地提出："听说你们海南岛、雷州半岛，甚至广州附近都有种植橡胶林的条件和可能。"接着，他关切地询问：这个问题你们是怎么研究的？是否已有试验田？他还特意强调天然橡胶是重要的战略物资，建议我国好好研究一下，甚至主动表示苏联愿意帮助我国种植天然橡胶树。

此事关系重大，我方人员回国后立即向党中央和毛主席作了汇报。

斯大林很重视此事，不久他又特地致电毛主席和中共中央，正式提出：帝国主义在战略物资上封锁我们，社会主义国家中只有中国可以种植橡胶，希望中国开辟天然橡胶园，发展天然橡胶。

毛主席指示陈云副总理负责此项工作，并迅速开展调查研究。

陈云闻风而动，组织人员南下调查后很快向毛主席报告，证实雷州半岛和海南岛确实可以种植天然橡胶，而且提出在华南地区，如广东、海南、广西发展天然橡胶的设想。当时，他在中央宣传工作会议上还提醒大家："橡胶是战略物资，从朝鲜战争以来就不能进口了。我国海南岛有橡胶树，虽然数量很少，但可以种植。我国别的地方也有适宜种植橡胶的地方，产量虽然不像南洋群岛那样高，但是比没有强。"他特别强调："我们是非常需要橡胶的，今后要尽可能多种。"1951 年 8 月 13 日，毛主席向斯大林通报了有关情况。半个月后，周总理主持召开政务院会议，作出《关于扩大种植橡胶树的决定》，指出："天然橡胶是重要的战略物资，美英帝国主义对我国进行封锁，为确保国防和工业建设的需要，必须争取橡胶自给。"强调"一定要建立我国自己的橡胶生产基地"。

会议对广东、广西、福建、云南、四川五省区的气温、雨量及其他条件进行分析研究决议后，要求这五省区"应大力培植天然橡胶，迅速动员本地可动员的农林院校学生、教授组成调查队，分别对本省区境内适宜种植橡胶的地区进行调查，保护现有的橡胶母树，确保种苗来源"。政务院还要求五省区从 1952—1957 年种植天然橡胶 700 万亩，争取 10 年后，年产天然橡胶干胶 10 万吨。

半个月后（8 月 31 日），周总理再次主持召开政务院会议，决定由副总理兼财经委员会主任陈云主持发展天然橡胶事业。同时宣布中共中央华南分局第一书记叶剑英直接指挥大规模种植天然橡胶。

9 月，广东骄阳似火，热浪滚滚，暑气逼人。陈云冒着酷暑赶到广州，会同叶剑英召集广东、海南、广西各省区党政领导人开会，紧急传达党中央关于大规模种植天然橡胶的指示，并且迅速着手筹建华南垦殖局。根据中央指示，他要求天然橡胶生产"一要有，二要多，三要快"，同时提出了尽快在华南建立橡胶生产基地的具体意见。

两个月后，华南垦殖局在广州宣告成立，党中央任命中央华南分局第一书记叶剑英担任局长，广东、广西主要领导人为副局长，中央华南分局秘书长李嘉人为专职副局长，全力以赴抓紧、抓好天然橡胶生产基地的规划和建设。

随后，一场大规模开发种植天然橡胶的行动，在华南地区热火朝天地展开。南京、北京、河南、福建农业大学森林、土壤、气象、勘测系的大批教授、专家，响应国家号召，带领1000多名高年级学生满怀爱国主义热情，从祖国四面八方汇集广州，听从叶剑英的指挥、调度。他们的豪言壮语是："志愿军血洒朝鲜战场，我们要汗洒南国边疆，双手在祖国两广营造片片绿色胶园，誓与帝国主义较量。"叶剑英热烈欢迎广大师生前来参战，将他们编成若干勘测队分赴雷州半岛和海南岛，开展资源勘测和橡胶园选点调查。

他亲自带领一支调查队进军广东粤西热带森林地区，如同当年打仗一样铺开地图，指挥大家从北纬22度开始，沿着高州、湛江一线，由北往南收集土壤、气象、雨量资料。他同广大师生一起徒步翻山越岭勘测地形，寻找橡胶树的踪迹。

有一次，调查队在北纬22度的高州县城附近发现了三棵橡胶树，叶剑英高兴极了，兴奋地对调查队的师生说："这三棵橡胶树说明，从这里往南都可以种植橡胶树！"

这是一个重大发现，它为突破北纬18度以北不能种植橡胶树的传统理论，首次提供了可靠的事实依据。

不久，调查队在雷州半岛的茂名县又惊奇地发现了生长一二十年的老橡胶树，而且在徐闻县境内竟然发现一个2000多株的橡胶树群，大家更是欢呼雀跃，创建我国天然橡胶生产基地的信心和决心进一步增强。

广大师生冒风雨、经暑寒，历尽千辛万苦，获取的实地勘察和调查研究资料，为天然橡胶基地位置的正确选定提供了科学决策依据。

第二年（1952 年）春节刚过，中央军委紧急命令从华南地区抽调二万多整建制部队，迅速组成林业工程第一师、第二师和一个独立团，由红军出身的师首长带领，分别进军雷州半岛和海南岛，按照中央制定的开发规划，立即投入紧张的施工战斗。后来，又有大批科技人员和部队转业官兵、城乡知识青年陆续进入工地，总数达十多万人。这标志着我国大规模建设天然橡胶生产基地的行动，已经紧锣密鼓地展开。

同年 8 月 15 日，周总理应苏方邀请率领由 60 多人组成的大型政府代表团，赴苏联开展友好访问。20 日，斯大林、莫洛托夫等领导人热烈欢迎我国周总理、陈云、李富春等人，双方围绕天然橡胶生产基地建设、中蒙铁路修建、延长旅顺口海军基地使用时限等问题举行会谈。周总理详细介绍了我国开始大规模创建天然橡胶生产基地的设想和规划，并且告诉斯大林：我国有些从南洋回国的华侨，曾经带回一些天然橡胶种子，过去在海南岛已经试种成功。但是目前橡胶树的数量较少，而且是私人经营的，产量不大。如果由国家着手发展橡胶种植，情况会大不相同。

斯大林十分高兴，对发展天然橡胶的兴趣更为浓厚，多次热情建议我国单独或同苏联合作在海南岛和雷州半岛种植天然橡胶，逐步推广，建立橡胶园基地。他曾经形象、生动地把天然橡胶比喻为植物排泄出来的液体金子，强调种植天然橡胶对发展现代工业，尤其是对军事工业具有极为重要的、不可替代的作用。他对帝国主义在天然橡胶供应问题上搞封锁社会主义阵营，实行禁运政策极为气愤和不满，热情支持我国大规模发展天然橡胶，一再希望我国“多多种植天然橡胶，能种多少就种多少，打破帝国主义的封锁政策”。

经过会谈，双方签订了《关于苏联援助中国种植和割制橡胶的协定》，苏联准备贷款1亿卢布帮助中国发展天然橡胶，并指派林业部副部长卡尔丹洛夫率领专家顾问组携带大批造林机械装备赴华参加这一工作，支援我国加快橡胶生产基地建设。

斯大林对会谈圆满成功十分满意，他兴奋地对周总理说："你们的志愿军在朝鲜作战和发展天然橡胶这两件事，也是帮助了我们苏联。"

西方国家得知我国调动大批部队在华南创建天然橡胶生产基地，起初感到惊讶，继而表示怀疑，因为中国华南虽然属于亚热带地区，但毕竟远离赤道，是橡胶种植"禁区"，发展橡胶谈何容易！

十多万部队官兵和科技人员、知识青年先后集中在雷州半岛、海南岛、西双版纳展开大会战。大家冒着狂风暴雨，顶着炎炎烈日，紧密合作，团结战斗。既强调奋发图强，又注重科学研究，终于使天然橡胶基地建设顺利进行。

那是一个中苏友好的特殊年代，人们充满政治激情，崇尚"一边倒"（苏联），喜欢唱苏联歌曲、看苏联电影。在创建天然橡胶生产基地的过程中，大家为新建的橡胶农场取了许多响亮、动听的场名。如东方、东风、东方红、太阳升、黎明、光明、红光、曙光、湖光、金星、红星、红旗、勇士、团结、长征、奋勇、前进、红五月、十月、收获……100多个农场的名字，巧妙地组合起来，居然可以成为这样一首热情洋溢的政治抒情诗：黎明/东方露出曙光/太阳升起/东方红了/八一勇士们在红五月里/高举红旗/迎着东风/披着湖光/满面红光/向着光明/开始新长征/大家团结战斗/奋勇前进/十月金色的秋天来临/在收获的季节里/人们佩戴着闪光的金星奖章/在红星照耀下/欢庆胜利！

斯大林去世后，苏联仍然关注我国天然橡胶事业的发展情况。1954年，赫鲁晓夫率苏联政府代表团到北京参加我国国庆五周年庆典后，特地专程赴广东参观橡胶园。当时，橡胶林郁郁葱葱，生长旺盛，多数橡胶树已有小孩子拳头那么粗，少数有大人拳头那么粗。赫鲁晓夫兴奋极了，他笑嘻嘻地钻进橡胶林，好奇地看看树叶、摸摸树干，不断发出啧啧的称赞声。一向喜欢高谈阔论的赫鲁晓夫，本来想发表一些感想，没有想到当时有人无意中开玩笑说："这恐怕是你有生以来第一次走进橡胶林吧?"本来是实话实说，但他却过分敏感，自尊心似乎受到伤害，样子很不高兴，什么话也没有说就离开了橡胶林。

在国际橡胶专家断言的"橡胶禁区"大规模发展天然橡胶，确实史无前例，困难重重，任务艰巨。好在我国橡胶科研人员和橡胶农场广大职工，敢于开拓创新，勇于反复实践，善于总结经验。他们在党和国家领导人毛泽东，尤其是周恩来、陈云、叶剑英、王震等人的亲切关怀下，经过长期不懈努力，终于突破"橡胶禁区"的传统理论，使我国成为世界上唯一在北纬 18 ~ 24 度地区大面积成功种植天然橡胶的国家，创造了人间奇迹。

目前，我国天然橡胶事业在国际上已经傲然崛起，成了橡胶生产大国，种植面积和总产量均列世界第五位，不仅为共和国赢得了荣誉，也为中华民族创造了新的历史辉煌。

从“东风”到“红旗”：忆中国轿车工业初兴

史汝楫

“东风”乍现

新中国刚刚诞生不久，人民政府就着手筹建中国的汽车工业。仅用了三年时间，即在吉林省长春市建成第一汽车制造厂，并生产出首批国产载重汽车——解放CA150。

载重车投产后，人们又盼望着早日见到我们自己生产的轿车，饶斌厂长即开始紧锣密鼓地张罗这件事。1957年春天，一机部部长黄敬到长春，专门找几名搞技术的处长吴敬业、刘炳南、富侠和我谈话，提出了一汽要上轿车的要求，并请大家就其可能性、把握性进行讨论。根据当时一汽的领导和技术力量，我们认为可以生产轿车，但应先上普通型的小轿车。听了大家的主张，黄部长最后决定先把产品开发出来，干多大规模以后再说。对我们搞技术的人来说，能够经自己的手搞出中国的轿车是梦寐以求的事。于是在饶厂长亲自主持下，我们只用几个月的时间就画出了上万张轿车设计图纸，并做了一些生产准备，造出不少模具（这是生产轿车最重要的一项技术装备）。

1958 年春天，党的八大二次会议召开的时候，我们的轿车造出来了！这部取名叫“东风”的车，在设计时参照了法国的“西姆卡”和德国的“奔驰 190”，车身外形做了大的改动，可以说是自行设计的；车头上装有一条昂首的金龙，跑起来挺精神，很有点儿民族风格。一天，厂里接到通知：参加中共八大二次会议的中央领导同志要看我国自制的第一辆轿车。听到这个消息，职工们兴奋不已，把“东风”小轿车打扮得像新娘子一样。

我带队把“东风”车送到北京，刚从北京站开出就被人发现了。特别是车头上那条金龙显眼异常，引来不少惊喜和赞许的目光。“东风”首先在北京的主要街道上跑了几圈，所到之处都是“夹道欢迎”，沿路交通警也一律给开绿灯……人们对国产轿车所表现出的热情，令身为设计人员之一的我备受鼓舞。

“东风”经过部、局领导看后，由正在北京开会的饶斌厂长亲自开进中南海。中央办公厅主任杨尚昆接见了我们，并非常高兴地说：“从明天起，把车放在中南海怀仁堂草坪上展览几天。”当他发现车头上有一排汉语拼音，便问我们：“这是啥意思？”饶斌回答说：“这是汉语拼音拼写的‘东风’两个字。”杨主任说：“这不大好吧，不明白的人还以为是外国车呢！”并同我们商量：“能不能换成汉字？”我们回答说：“行。”可时间这样紧，能不能搞出来？“东风”这两个字又去找谁写？

正在我们手足无措之时，李岚清同志（当时在一汽工作）提议到《人民日报》去试试，毛主席有一个“东风压倒西风”的题词，如果能在那里找到就好了。我们的运气真不错，果然在《人民日报》找到了题词，报社摄影室以最快的速度按要求影印出“东风”二字的手迹。有了字，加工制作还是难题。我们又把车开到灯市口的一家不大的汽车修理厂，向他们说明情况。他们得知是为第一辆国产小轿车改装，非常高兴地接受了这项艰巨的任务。时间太紧迫了，我们把车开到那里时已是下午，有效的工作时间实际只剩一个夜晚了。在这一夜里，首先要把“东风”两个金属字用手工雕出来；雕完字，再电镀，再装到车头上；汉语拼音拆下后留下的一排螺丝孔要堵上，再配好铁灰色的油漆重新漆好……工作量是很大的。想到明天一早就要把车送进中南海，厂领导和老师傅们一点畏难的表示都没有，分头忙碌。经过一整夜的紧张工作，第二天一早，金龙下配装镀有纯金“东风”两个字的汽车在朝阳下闪闪发光，按时开进中南海。杨尚昆看后非常满意，并让我们把带来的照片和技术资料，在中共八大二次会议主席团成员的桌子上每人放一套。我们几个人开玩笑地说：“我们‘东风’的说明书也成了大会文件了……”

“东风”停在怀仁堂前面的草坪上，供参加会议的中央领导和代表们观看。我们几个人轮流守候在那里，以便回答问题，听取对轿车的各种意见。很多中央领导都来看车，有的到里边坐坐，有的对汽车外形提出改进意见。周恩来总理看得最认真，他围着车看了一圈后，又打开机器盖子，看了看发动机，问我们：“这发动机是抄‘奔驰 190’的，对吧?”我说：“是的。”总理说：“世界上的汽车都是互相抄的，但要抄得巧，得有些改变才行，原样照搬，人家会提出意见来的，比如发动机的气阀室盖就可以改改形状嘛!”周总理知识渊博，我早就听说过，但没想到他对汽车设计也是位行家。我和饶厂长答复总理，以后出的汽车发动机一定会改。过了一会儿，忽然听见有人连续按车上的喇叭，在场的李岚清下意识地说了一声：“谁呀!”待侧过身一看，原来是陈毅元帅！他同我们热情握手，听我们做了较详细的介绍，满意而去。

不是休息时间或散会，一般没有人来看车。警卫局的领导看我们在院子里闲着没事干，便走过来轻声对我们说：“现在毛主席在作报告，你们想听吗?”说着便把我们引进怀仁堂边上的一个侧厅里，对我们说：“这里有喇叭，你们就坐在这里听吧!”于是，我们幸运地现场听到了毛主席风趣的讲话和会场里不时发出的笑声和掌声。更使我难忘的是一天下午，毛主席在开会前的一小时左右来看车了。由于事前没得到任何通知，饶斌和李岚清二位同志都不在。毛主席走过来了，我迎了上去，和毛主席握手。毛主席来到“东风”小轿车旁，问了一些关于这部车的情况，还问我在厂里是干什么的，我一一作了回答。随后，我给毛主席打开车门，请他试坐一下，陪同的林伯渠秘书长也坐了进去。经警卫人员允许，司机发动了汽车，围着怀仁堂花园跑了起来……跑了几圈，车子停在原来的地方，毛主席走下来高兴地说：“好呀，好呀，坐上我们自己的小轿车了!”

“东风”在中南海待了十来天，这是中国汽车工业的骄傲。

再展“红旗”

“东风”送到中南海后，中央领导和老帅们几乎都观看或试坐了。面对这一殊荣，厂领导又产生一个想法：给毛主席造高级轿车！1958年，是说干就干的年月，全厂提出一个口号，叫“乘‘东风’展‘红旗’，造出高级轿车，献给毛主席”，动员所有力量，大干一个月，一定要造出样车来。当时没有一张图纸，几乎连思考的时间都没有，我们就照抄美国的“克莱斯勒”，并把车的上万个零部件分到各单位，限期完活，连车身的外壳也是请铁匠用木槌敲出来的。一个月后，车装起来了，也发动起来过，但是却不能往北京送。

历史很快翻到下一页。厂里成立了新产品指挥部，设计、试制等环节走上比较正规的路子。我们讨论确定了“结合国情，自行设计整车参数、总布置和外形；总成结构，以仿造为主，适当改进”的原则，由设计、工艺、工装、铸铁、机加等单位分别负责，以设计处为大本营，各项工作同步展开。

参照美国的“克莱斯勒”和“卡迪拉克”轿车，设计人员用橡皮泥做成1：1的轿车模型，放到设计处办公的过道里，让大家提意见。车的外形充分考虑了民族风格，前脸为扇面形，筒式灯，后尾灯采用宫灯样式；在两灯中间部位有一个指南针图案，图案上是“红旗”两个字；内饰用带花纹的木料雕成四框，有一种古色古香、典雅高贵的味道。轿车是“带轮子的文化”，这些都体现了我们民族的文化精神。

高级华贵型轿车，动力性要大要好，发动机为“V”型8缸，220马力，最高转数每分钟可达到4800转，并采用自动液压变速箱。

由于领导干部、工程技术人员、工人相结合，减少许多中间环节，加上广大职工的高度热情和干劲，新车很快就试制出来了。

1959年10月1日，是中华人民共和国成立十周年。新试制出的“红旗”轿车被中央定为献礼产品，要参加检阅式，其中两辆敞篷检阅车供阅兵式用。面对相当艰巨的任务，一汽人非常有能力、有气魄，从1959年1月到9月中旬，35辆“红旗”高级轿车准时下线，送往北京。那时的“红旗”不可能没有小毛病，所以随车跟去30多人继续调试。35辆“红旗”车中有6辆参加了“十年大庆”，其余的车分配给中央一些领导乘坐。从此，一汽的“红旗”轿车声名远播。先进行小批量生产，供国家礼宾使用，同时又试制三排座“红旗”；经过改进，1960—1964年底试制了不同样式的4辆三排座轿车。

1964年轿车分厂成立，我调任分管技术的副厂长，设计处一批搞轿车设计的同志也一起调来，组建了轿车设计科。从这时起，我们的轿车设计、研制、生产走上了专业化的道路，开始向新的目标迈进。为搞出全新的“红旗”高级轿车，我们除参照英国产“女皇”牌三排座高级轿车外，还到北京看了陈毅外长乘坐的“奔驰600”，详细地了解其性能和特点。试跑后大家只感到这辆“奔驰600”确实高档、先进，谁也没想到中央后来竟决定把它送给我们作了样车。在各方面的支持下，新型“红旗”样车设计方案很快出台，并开始了试制。1965年初，一辆全新的三排座“红旗”轿车下线，并送到北京请中央领导评审。此车别开生面：后尾灯由直立改为向前倾斜，尺寸变小；车身离地面高度降低，增加通长的腰线，显得挺拔俊俏；后座的前后和倾斜都可以调整，并在稳定性、舒适性方面有了进一步的提高……中央领导观看、试坐以后，一致称好，都说比过去是一个跃进。也正是从那以后，“红旗”才真正成为一汽的一个定型产品。不久，中央又给了3700万元的投资，以完善轿车生产线，达到批量生产，并发展成系列化产品。

“红旗”轿车的研制和生产，为国家填补了礼宾用车的空白；也培养起一批轿车设计、制造人才。

（长春市政协文史办供稿，略有删节）

成渝铁路：共和国建设史上的第一个奇迹

杨耀健

四十年的夙愿

富饶的四川素称“天府之国”，从 19 世纪下半叶就为西方列强所垂涎，但由于它地处中国内陆、交通不便，列强不能畅通无阻地倾销商品和输出资本。因此早在 1863 年，英国人就拟定了一个以汉口为中心的铁路建筑网，线路之一就是“西行经过四川、云南等省直达印度”。1879 年，英国人更提出“任何铁道设计之最终目的”，必须到达“物产丰富、人口稠密之四川省”。同年，法国驻印度支那总督也提出修一条“展筑至人口稠密的四川省会成都、达扬子江上游重庆”的铁路，日本、俄国、美国、德国也想染指四川铁路的修筑特权。

消息传出，四川民众奔走相告，纷纷请愿示威，要求自办铁路。在此舆论压力下，四川总督锡良和湖北总督张之洞，于 1903 年联名上奏折，请求准许官商集资开办川汉铁路。清政府准其奏议，次年在成都设立“川汉铁路公司”，考虑到投资和能力，决定先修成铁路，1904 年至 1911 年间，各界人士共筹集股银 1890 万两。

1911 年 5 月，清政府突然宣布铁路收归国有，股金概不退还，并派邮传部大臣盛宣怀与英、德、美、法四国银行签订《粤汉、川汉铁路借款合同》，借款 600 万英镑，将川汉、粤汉铁路置于帝国主义控制之下。四川民众闻讯，“函电纷驰，争议嚣然”，保路运动风起云涌。当年 9 月，新任川督赵尔丰在成都枪杀游行请愿民众，一时群情激奋，省城骚然，义士汹汹。清政府急调端方率重兵自鄂入川镇压，革命党乘机在武昌起义，辛亥革命大局乃定。

民国 2 年，北洋政府交通部复宣布川汉铁路改为“国营”，跃跃欲试，唯因当时军阀杨森、刘湘等割据四川，战乱不休，筑铁路之事搁置多年。1932 年，前四川督军周道刚又倡议修筑成渝铁路，并聘请工程技术人员勘测线路、筹资施工，不料刘湘、刘文辉为争夺“四川王”宝座大动干戈，铁路施工未能实施。

1933 年，南京政府授意宋子文组建“川黔铁路公司”，将成渝路作为川黔铁路的北段，于 1936 年 6 月部分开工，又因“七七事变”中断。抗战结束后马歇尔将军来华，曾打算从援助欧洲的物资中拨出一部分来修筑成渝铁路，因国共和谈破裂未果。1946 年，国民党政府因军事需要再度复工，零敲碎打地修了几个桥墩和一小段支线，遂因垮台告终。

就这样，成渝铁路修修停停，40 多年来始终是一场梦。四川民众翘首以待，血也流过泪也流过，见到的只有地图上的一条虚线。

规划蓝图

1949 年 6 月和 7 月，邓小平在上海市市长陈毅家中，两次见到了陈毅的堂兄陈修和，也两次与他谈到修筑成渝铁路的事。二野即将挺进大西南，邓小平一直在思考怎样使四川老乡多年的愿望变成现实。

学有专长的陈修和是曾留学法国的兵工专家，为完整保护沈阳兵工厂做出过贡献，他向邓小平介绍了抗战时期迁渝的大渡口钢铁厂的情况，说该厂至今仍然有着完好的设备和技术力量，可以年产 4 万多吨钢轨和钢梁，正好用于修铁路。

邓小平对陈修和说，将来西南、四川解放后接管、安置和恢复生产的任务很重，很需要技术人才，欢迎他回去参加接收和建设。但因陈修和已应邀出席即将召开的新政协会议，故只承担了撰写关于修建成渝铁路的意见书的任务，并向邓小平推荐了几十位兵工技术专家，其中有不少人是留法留德的高才生。

1949 年 11 月，人民解放军占领重庆，中共中央西南局、西南军政委员会随后设立于此，邓小平任西南局第一书记、西南军政委员会副主席。

面对雄伟却又暮气沉沉的山城，邓小平心潮难平。1919 年 9 月，年方 15 岁的他来到这里，考入重庆留法勤工俭学预备学校，然后又从这里冲出夔门，前往法国。30 年后他作为胜利者回到了这里，但他并不轻松，他心里很清楚，西南局和军政委员会肩负着怎样的重担：60 万名人民解放军、90 万名国民党军起义投诚和俘虏人员，加上重庆原有的 10 万名公教人员、10 万名旧企业职工、数十万名私营企业员工，包括居民在内，起码有上百万人等着吃饭，合起来该是多大一张嘴？

沿海被国民党军舰封锁，原料、器材和零配件进不来，工厂只得暂时停工。水电厂、煤矿曾遭军统特务破坏，供给生产还谈不上。由于经济停滞，重庆的物价好似断线的风筝，一个劲往上涨。薪水发不出，全市的学校也在无形中停了课。

当务之急是要发展生产，西南军政委员会主席刘伯承也是这样想的，他说：“要建设人民的新重庆。”只有让工厂的烟囱冒烟，这座大城市才会充满活力。

经刘伯承、邓小平提议，西南军政委员会作出的第一项重大决策，就是“以修建成渝铁路为先行，带动百业发展、帮助四川恢复经济”。中共中央同意西南局的报告，其批复为：“依靠地方，群策群力，就地取材，修好铁路。”

1950 年 4 月，第一批工程人员分赴工地沿线，开始实地勘测。6 月，铁道部在重庆组建了西南铁路工程局。这时，有些从旧社会过来的人表示怀疑说：“共产党是不是真要修路，他们能不能修好这条路，现在下结论还为时尚早。”他们还担心共产党又要来挨家挨户集资募捐，而祖辈留下的大清国、民国发行的铁路股票至今尚未兑现。

这些人的怀疑当然有他们的道理，但是时代已经根本性地改变了。

6 月 15 日一早，重庆菜园坝锣鼓喧天，彩旗飘扬，上万名群众在此隆重集会，举行成渝铁路的开工典礼。西南军政委员会的领导都出席了典礼，身着军装的邓小平到会致辞，高音喇叭里传出他爽朗的声音：

“同志们：我们进军西南时就下决心要把西南建设好，并从建设人民的交通事业开始做起。我们今天建设成渝铁路，是在经济与设备困难的条件下开始的，我们调出一部分部队参加建筑，也是为着替人民少花一些钱，把铁路修起来。我们今天订出修路计划，开始动工，并不等于问题解决了，真正的困难是在开工之后才能发现。所以今天不能盲目乐观，许多的困难必须要以为人民服务的精神，逐步地求得解决，求得克服，并防止官僚主义的倾向发生。”

没有强迫集资募捐，更没有拉差派款，首批开赴工地的是 4000 多名解放军官兵。以后，西南军区又抽调了 3 万多人，组成了 5 个军工筑路队，与铁路沿线的 7 万名民工并肩劳动。

在大渡口钢铁厂，高炉内刮着火焰的风，流着驭风的火，黑色的金属和灰色的焦炭，都在烈火中分解升华亲和，高唱着创造之歌。在天府煤矿，煤车滚滚轧碎了昨夜的噩梦，满载着希望飞出了十里窑洞。8 月 1 日，中国民航首批开航 5 条航线，其中有 4 条通往重庆。9 月 12 日，民生轮船公司的“沅江”号登陆艇，装载首批供应成渝铁路的蒸汽机车、货车车厢等物资 43 件，驶抵重庆九龙坡码头，随即投入支线使用。

大重庆复苏了。

筑路歌

成渝铁路东端是丘陵区，西端是平原，地形地貌并不复杂，但以往修铁路都有洋人作顾问，这次全靠自己，能行吗?

邓小平说：“干得成，我们也有专家。”他提出要大胆使用旧工程技术人员，让他们有职有权，并相应提高他们的工资待遇。他说，中国的知识分子是爱国的。

选线专家蓝田就是被起用的旧工程技术人员，解放前他长期担任成渝铁路工程局工务处长和副总工程师，他曾目睹一个个计划化为泡影，心灰意懒，只得以诗画篆刻自娱，并从佛学中寻求精神寄托。共产党的尊重和信任，使他充满了信心和希望，他虽已年逾花甲，仍然朝气蓬勃地接受了重任。

选线是铁路设计的先决课题。线路的走向、里程的长短，直接关系到工程造价，更与施工组织、劳动力调配、工期完成息息相关。为了节省每一个铜板，62 岁的蓝田带领勘测队，在沿线各地作了一次次精确的勘测。

成渝铁路西端成都至乱石滩的原定路线，是从成都北门起，经金堂赵家渡、淮州到乱石滩，全长 72 公里。此线路必须经过淮州凉水井一带，那里地质不良，又是一个大塌方区，对今后的行车安全有很大影响。蓝田反复实测，多方收集资料，与几种方案仔细比较，力排众议，提出经洪安乡越过柏树坳、沿石板河至沱江边与乱石滩相接的改线方案。新线不仅避开了塌方区，还缩短线路 23.8 公里，从长远看，每年可为国家节省大量的营运费。这个方案经铁道部审查后，被采纳实施。

筑路专家刘建熙早年留学美国康乃尔大学，曾受聘于美国波阿铁路公司，他参加设计的一座跨度长 426 英尺的花钢梁大桥，受到桥梁总工程师和公司总经理的赞赏，欲以重金挽留。但刘建熙却毅然归国，想以所学之技报效祖国，先后参加过湘鄂、平汉、粤汉线的设计和施工。他在旧中国的铁路部门整整干了 16 年，虽然参与过不少新建路段和旧线的修复工作，但没有修筑过一条大干线，中国的铁路交通还是那样落后。用他自己的话说："这 16 年我没少费心血，但成果甚微，只是疲于奔命。"

新中国的成立为刘建熙施展才能开辟了广阔天地，他把自己的精力和才智全部用在西南铁路的建设中。作为西南铁路工程局的技术负责人，他总是事必躬亲，哪里出现难题，他就乘着吉普车赶到哪里去"会诊"。就在简陋的帐篷里，他不知度过了多少不眠之夜。面对器材短缺、施工机具落后的状况，他团结依靠广大技术人员和工人群众，进行了多项技改，克服了一道又一道难关。

施工进展到西端时，刘建熙因地制宜，提出将拟架设在资阳以西的几座由重庆生产的厂制水泥梁，改为就地依照厂制尺寸灌注，为保证成渝铁路按时铺轨起到积极作用。

当领导表扬刘建熙时，他说了一段发自肺腑的话："准确地讲，我是靠庚子赔款留学的，那是列强向清政府勒索的四万万五千万两银子，每个中国人头上就要摊一两。这么多的银子别说铸造我这样一个人，就是铺一条纯银的成渝铁路也够了，花这么多钱学到的知识，能不用在建设祖国上吗？”

朝鲜战争爆发后，部队组成的军工筑路队全部调走，成渝铁路的施工即主要由民工承担，他们满怀翻身做主人的豪情，意气风发，干劲冲天。

当年曾参加筑路的华荣、凌云柱回忆：“民工们都拥挤在路边的茅草棚里，睡的是木板上下铺，生活和卫生条件很差。那时抗美援朝，别人捐飞机大炮，我们没钱，只有加快施工，劳动报国。大家约定下班后义务加班半小时，届时班头吼一声‘捐献飞机大炮的时候到了’，我们就不仅不休息，反而干得更卖力，那半小时就像现在的自动传送带似的，工效比正常上班提高两倍。”

从沿线招募的临时工，干的多是平整路基的力气活，生活条件更差，但他们照样兢兢业业，准勤满勤。老民工冯德金回忆：“我们都是从附近农村临时抽调来的，刚开始工地上没有伙食团，大家就自带干粮，或是叫老婆孩子送饭。我们不懂什么大道理，只晓得修好成渝铁路可以造福乡梓，过上好日子，也可以气气洋鬼子，所以一天到晚脸朝黄土背朝天，干得挺欢。”

也正是带着这种朴素的感情，铁路沿线的老百姓都自觉自愿、竭尽全力支援筑路。铺轨需要大量枕木，他们二话不说，砍掉了老祖宗留下的烧柴林；铺路需要大量道砟，他们从不讨价还价，一锤一锤地砸碎了如山的鹅卵石；线路要穿过祖坟祖宅，他们说服亲友，忍痛搬迁；部队要盖木板房，无须动员，老人们就抬来了珍藏已久的寿板寿材。

当年在筑路时开机车运送过轨梁的孙振华说：“新铺的路轨限速，每小时大约只有五公里，不时有老乡跑过来送吃的给我们。看到民工们热火朝天的劳动场面，司机司炉都感动不已。当时我 27 岁，就与同事们相约，成渝铁路不通车，绝不结婚。”他真是这样做的。

人心齐，泰山移。当人们为了实现祖祖辈辈的梦想，并在共同追求的事业中形成一股合力时，奇迹就会发生。

清王朝、国民党政府闹腾了几十年没办到的事，在共产党的领导下，眨眼工夫就变成了现实。

成渝铁路从1950年6月15日自重庆方向开工，当年底铺轨到江津，1951年7月通车到永川，1952年6月13日到成都，全长505公里，仅用了两年时间即告竣工。这是中国人独立设计、自行修筑的一条大干线，采用的全部都是国产器材，每公里成本为人民币31万元，系新中国成立后在丘陵地区完工最快、最省的铁路，共节约投资737万元。

圆 梦

历史会记住这一天：1952年7月1日。

在重庆菜园坝火车站、成都北门火车站，成渝铁路通车典礼同时隆重举行，铁道部长滕代远、西南军区司令员贺龙分别在两地剪彩。

是日上午8点钟，重庆各界群众3万余人参加了通车典礼大会，西南军政委员会及重庆市党政军领导到场祝贺，在渝的四川耆宿熊克武、但懋辛、刘文辉等应邀出席。

会上宣读了由刘伯承主席签署的西南军政委员会命令，嘉奖西南工业部及其所属101厂（即大渡口钢铁厂）、重庆水泥公司、昆明电工厂等单位职工，嘉奖长江航务管理局重庆分局职工，嘉奖西南铁路工程局职工。邓小平副主席则当场挥毫题词：“庆祝成渝铁路全线通车。”

上午10点整，两列披红挂彩的火车从成渝两地同时相向开出。从重庆发车的专列由3859号机车牵引，一共挂了八节车厢，上面坐满了各界代表、劳动模范和少先队员，还有一些担任警戒的解放军战士。火车头前悬挂着毛泽东主席的巨幅画像，车厢两侧贴满了标语口号，打扮得如同盛装而出的新娘。沿线的老百姓扶老携幼，天还没亮就早早赶到铁路边，为的是亲眼看看“自己会跑的洋房子”。专列开到内江站，与成都驶来的列车相交，站台上的鞭炮纸屑厚积盈尺。晚间23时许，专列抵达成都，只见灯光照耀如同白昼，迎候的群众将列车围得水泄不通，车上的代表连门都出不去。

蜀道之难，名不虚传，过去不仅入川出川重重险阻，就连省内的商贸交往也颇为不易。昔日自重庆沿东大路官道至成都，需经巴县、永川、内江、简阳等11个县境，每天乘轿或步行以80华里计，差不多要13天时间。民国时期虽然修建了成渝公路，但汽车跑完单程至少也要两天。铁路通车，只需12小时即可到达。更重要的是，以成渝铁路为起点，此后又不断拓展铁路网，北修宝成线、南筑川黔线、西通成昆线、东衔湘渝线，沟通了整个大西南，为发展西部地区的经济做出了卓越贡献。

成渝铁路通车，受到中央和全国人民的祝贺。毛泽东主席为西南铁路工程局题写了“庆贺成渝铁路通车，继续努力修筑天成路”的大幅锦旗，各地报纸刊载了朱德、周恩来、刘伯承、邓小平、贺龙、张澜和郭沫若等的题词和贺信。西南地区及重庆市各民主党派负责人也纷纷撰文，给予高度评价。

广大人民群众欢欣鼓舞，持怀疑论者也心服口服，唯有国民党战犯矢口否认，认为那不过是一种宣传，把读过的报纸扔到一边。

有一天，重庆战犯管理所租来一辆大客车，拉上多疑的国民党战犯，开往菜园坝火车站。王陵基、曾扩情、宋希濂、徐远举、周养浩、沈醉、钟彬、刘进等下车一看，全都惊呆了。只见宽阔的广场尽头，一排整洁的候车室拔地而起，气势恢宏，与粤汉线、沪宁线的大客站相差无几，“重庆站”三个大字龙飞凤舞，耀眼夺目。票房前人声鼎沸，熙熙攘攘，电瓶车开来开去，卸下一地的货物。

王陵基还是半信半疑，或许，这只是局部通车，顶多修了百多里。他记得，当初为了糊弄来华考察的美国人，他在江西省主席任上也搞过假把戏：临时布置一两处街区，装饰得花团锦簇，美国佬跑来一看，果然是太平盛世，回去后吹得神乎其神，猛加投资。这套把戏他王陵基会搞，共产党就不会搞吗？

他走出队列暗暗打量。不一会儿，月台上出现了刚下车的旅客，他瞅准一个老实巴交的，冷不防走过去询问：“老乡，你是从哪里来的？”

“小地方，资中。”

“坐的哪趟车？”

“当然是昨晚从成都发的那趟车。怎么，您老没坐过火车？我跟您说，稳当得很，晚上还可以打瞌睡哩。”那老乡说着，消失在人流里。

王陵基回到队列去说：“真有这码事。”战犯们听了沉默不语。他们所熟悉的旧社会已经崩溃，而在这刚刚诞生的新社会里，出现了那么多始料不及的变化，动摇了他们固有观念的堤坝，使他们深受震动，开始认真考虑自己的前途。

成渝铁路的兴建，不仅将四川省会成都与西南重镇重庆紧密联系在一起，沿线还形成了以电子、机械、建材、轻纺为主的成都工业区，以兵工、冶金、机械、化工、仪表为主的重庆综合工业区，以制糖、轻纺为主的内江轻工业区。与此同时，沿线的县区也发展成为全省重要的粮棉油和生猪生产基地。

成渝铁路是新中国第一个大型基本建设项目，它为 1953 年起步的第一个五年计划揭开了序幕。它的建成，提高了党和人民政府的威望。它在人民铁路史上，在中华人民共和国历史上，将永远留下光辉的篇章。

新中国第一台“八一”号蒸汽机车的诞生

陈光荣

1952年8月9日,《人民日报》刊登了新华社消息：中央人民政府铁道部四方铁路工厂职工，为庆贺“八一”建军节而研制的第一台国产机车“八一”号，于8月1日在四方铁路工厂隆重举行落成典礼大会。

新中国研制的第一台“八一”号解放型蒸汽机车（编号ㄇㄎ12102)，具有独特开创性的历史意义。弹指一挥间，转眼几十年过去了。当年，这台由四方铁路工厂研制的首个“第一”，从设计到试制再到安装试运成功，是怎样的过程呢？通过解读早已发黄的报纸、资料，走访当年参加试制该车的当事人，那火热的场景又重现在人们的眼前……

一

1952年初，在力争国家财政经济状况根本好转的同时，人民的物资、文化生活水平有了显著的改善提高，这就为在全国范围内开展有计划的经济建设创造了条件。但是，各行各业的建设都离不开“铁路先行”，而铁路运输设备的落后又是制约交通运输大动脉的“瓶颈”。中国自1876年建成第一条营业性铁路——上海吴淞铁路，到1952年76年漫长的时间里，在神州大地铁路线上奔跑的机车，均是英、美、德、日等国的旧型蒸汽机车，没有一台是国产的。从1914年到1947年，四方工厂利用进口零部件和原材料共制造了39台蒸汽机车，这些机车全部靠组装、仿造，机车的最大牵引力为198千牛（20180公斤）。新中国成立初期，铁路牵引动力主要仍是蒸汽机车，但此时我国正处于国民经济恢复时期的关键时刻，中朝人民正并肩作战抗击美帝国主义，在抗美援朝战争前线，我方也亟须先进的铁路运输设备。

正是在这样的国内国际的背景下，中央人民政府铁道部将研制生产新型蒸汽机车这一艰巨而又光荣的任务交给了四方铁路工厂，工厂干部职工也勇敢地承担起了这项特殊的任务。在解放初期，“ㄇㄎ1”型蒸汽机车是各类旧型蒸汽机车中数量最多、功率较大、性能较好的干线货运机车。因此，铁道部决定从仿制开始，由机车车辆制造局（即厂务局）整理校对图纸，将英制改为公制，材料牌号也作了改变，全面采用国产材料，并改成“解放”型，代号为“jf”。四方机厂在铁道部和青岛市军管会（1950年9月为青岛市人民政府）的大力支持下，于1949年成功抢修“中苏友好”号机车的基础上，又于1950年成功改进仿制了“国庆周年”号机车，积累了有关技术数据和丰富的研制经验。加之该厂建厂早和技术力量较为雄厚，此时有新老设计技术人员30余人，广大工人群众也干劲十足，为研制新型机车创造了有利条件。

接到铁道部的指令后，四方厂首先召开了党委会议，成立了由党委书记韩健民、厂长刘伟、经营副厂长铁锋、技术副厂长陈泰棣和骨干技术人员任允文、王子立、乔琴华、顾家鹓、韦亦祥以及被誉为“机车活字典”的老工长贾培谟、有一定实践经验的老工人丁学文等人组成的新型机车设计小组。设计组立即投入工作，他们认真琢磨研究，反复论证，终于设计出了“解放”型干线货运蒸汽机车。从设计效果图上看，该型机车功率大（模数牵引力24030公斤），速度快（构造速度为80公里/小时），而且降低了单位功率的蒸汽消耗量和金属消耗量，从而极大地改善了机车的技术性能，为早日生产出新型蒸汽机车奠定了良好的基础。

二

就在四方工厂各场、工段加紧研制、运作的关键时刻，中共中央书记处书记、中央人民政府副主席、中国人民解放军总司令朱德同志在山东省、青岛市有关负责同志的陪同下，风尘仆仆地亲临四方机厂视察指导。

在简陋的厂会议室里，朱德认真仔细地听取了厂党委书记韩健民和厂长刘伟关于四方工厂52年历史的简要汇报。对于四方机厂在新中国成立后仅用六天时间就恢复了生产，积极抢修胶济铁路，支援大军南下；新中国成立后又积极抢修“中苏友好号”机车，并在旧有机车的基础上，造出了“国庆周年号”机车等业绩，朱老总当场给予了充分的肯定，并指示要依靠旧有的工程技术人员，积极培养技术管理人才，对知识分子要关心爱护团结。对于有些职员在旧社会的历史问题要区别对待。在工厂一定要依靠工人阶级，搞好生产。随后，朱总司令由厂领导陪同参观了翻砂、机械、客货车、锅炉等场（即车间），并与工人亲切交谈。工人们就像迎接出远门归来的当家人似的，团团围在总司令的身旁，回答总司令亲切的询问。从工作到生活，从劳动条件到任务完成的怎样，他老人家仔细地问起来，工人们听后心里暖融融的。在场的工人们如实地向总司令进行了回答，总司令还问：“工厂里主要是修车吗?”当工厂领导回答“是”时，他老人家用商量的口气说：“你们这个厂老工人和技术人员多，机客车是不是向造的方向发展啊?”鼓励大家赶超世界先进水平，造出新的机客车。

朱总司令亲临四方机厂视察指导的喜讯，给车城儿女以极大地鼓舞和鞭策。“一切为国家建设着想”“一切为了抗美援朝的胜利”成了全厂干部工人的决心和动力。工厂党政工团负责人每天深入生产第一线，跟班作业，鼓励大家多提合理化建议，搞技术革新。这样，从设计人员到各级领导干部、从青年学徒到老工人师傅，都积极响应工厂党委的号召，迅速掀起了技术革新、攻克难关、创造生产新纪录的热潮，各道生产工序严格按照“三检制”（本人检查、组长检查、工长检查）进行运作。

三

技术革新首先在工程技术人员中展开。陈泰棣、任允文等针对解放初期的车轴坯砖供应不足的问题，用电炉冶炼的优质碳素钢铸冶出合格钢锭。他们还发明了将机车的部分零部件用球墨铸铁材料生产的先进方法，有力地解决了原先设计图纸中的难以预见到的问题。刚从唐山铁道学院毕业分配到工厂的青年技术人员顾家鹓，在技术革新中发明了“扒缸机”，极大地提高了工作效率。

青年工人在技术革新中也是毫不示弱，攻克了一道道技术难关。如锅炉安全阀过去主要靠进口，质量还不过关，而其质量又直接关系到火车头的安全。为了攻克这一难关，工人于兴泰专心研究，废寝忘食地做模型，经过一个多月的反复试验，终于研制出新的安全阀，解决了限制压力范围的质量难关。又如以唐宗玉名字命名的翻砂场“唐宗玉汽缸铸造小组”，大胆采用了苏联郭瓦廖夫流水作业法，并结合制动轴承载风包的实践经验，使制造每个汽缸由原来的 70 多个工时减少到 26 个工时，在同行业中创造了全国新纪录。再如全国铁路模范、优秀团员、翻砂工王继伯改进了“闸瓦托”操作法，发明了“漏板翻砂造型法”，不仅数倍提高了工作效率，而且省去了好几道复杂工序，解决了偏箱等难以解决掌握的惯性问题，这项发明打破了全国同行业的最高纪录。

很多具有一定实践经验的老工人在研制新型机车中解决了许多重要的技术难题，为新型机车早日出厂作出了特殊的贡献。

1950 年 9 月获得青岛市首届劳动模范、时年已 55 岁的共产党员、老技师贾培谟，在这次新造机车时，他解决了蒸汽机车中噪声过大、耗气量过多、速度不快等许多关键问题，被全铁路上下誉为“机车活字典”。

老工人丁学文，在这次研制新型机车时，他面对月牙板因淬火达不到质量要求（有的半径杆烧断、有的活块起刺等），而急得牙痛脸肿。月牙板是机车牵引动力最为关键的部件之一，其渗碳处理的好坏直接关系到新造解放型蒸汽机车能否研制成功，而当时世界上只有少数几个国家能掌握这项技术。经过无数次的攻关奋战，终于使月牙板渗碳处理达到了设计要求。接着，他又针对在试验中发现的月牙板上的活块强度不够和摩擦不平等问题，进行了技术改进。从而不仅使月牙板达到了设计标准，而且赶上了当时国外同类型产品的先进水平。

四

丁学文等人攻克了月牙板表面渗碳处理工艺难题之后，又研制生产了火车头上的 10000 余个大小零部件，经过安装调试，终于在“八一”建军节前夕迎来了新中国第一台国产火车头试车的关键时刻。

7 月26 日清晨，四方机厂接到铁道部电令：“新造机车经请示部长，为迎接‘八一’可命名为‘八一’号。”这一喜讯顿时使全厂干部工人热情沸腾，大家盼望已久的时刻到来了。贾培谟、王子立等代表全厂职工向厂长刘伟请缨试车。

“试车开始!”随着刘厂长的一声指令，新型“八一”号蒸汽机车“呜！呜！呜!”长鸣三声，载着 2700 余名干部工人还有他们的亲人之期望，徐徐行驶到胶济铁路的试行轨道上。

驾驶室里的正副司机分别在左右两侧全神贯注地□望，炉膛内烈火熊熊，司炉工正在挥汗如雨般地往里添煤。“30 公里！40 公里！50 公里……”随着指令，时速一直加到 72 ~ 75 公里，新型蒸汽机车风驰电掣般地向前奔驶着，车身不跳不摆，站在水框上的工人师傅仍然是身子不晃。经过认真测定，各项技术指标均达到设计要求。

中午，当新型机车徐徐返回四方机厂时，刘厂长高兴地向等候已久的职工们庄严宣布：“我们创造了试车一次成功的新纪录!”大家兴奋地鼓起掌来，互致祝贺，奔走相告“新中国第一台蒸汽机车试制成功了!”中国铁路史上应当永远记住这个难忘的日子——1950 年 7 月 26 日，因为这一天成功地试制出新中国第一台“八一”号解放型蒸汽机车，从而结束了中国不能独立制造机车的历史，翻开了中国铁路机车车辆工业史上崭新的一页。

8 月 1 日下午 4 时，四方车厂的 2700 余名职工在机车场前面，为“八一”号蒸汽机车举行隆重的落成典礼和剪彩仪式。青岛市市长赖可可、中国人民解放军驻青司令员易耀彩、青岛市总工会副主席孙刚、青年团青岛市委书记鲁钊、全国著名劳动模范郝建秀等贵宾，应邀出席了热烈而隆重的庆典大会。工厂厂长刘伟、厂党委书记李华、厂工会主席丁菊畦（即丁子明）等领导代表全厂职工，将工厂自制的我国第一台

“八一”号蒸汽机车的照片、模型敬献给毛主席和朱总司令，由驻军易耀彩司令员奉中央革命军事委员会命令代表中国人民解放军接受了这一宝贵的献礼。

在《咱们工人有力量》的乐曲声中，庆典大会开始了。首先，由厂长刘伟向大家宣读中央人民政府铁道部部长滕代远给全厂职工发来的贺电：

四方铁路工厂刘厂长转全体职工：

顷悉你厂新造机车“八一”号于8月1日举行典礼大会，不胜欣慰。这是你厂解放三年多以来，以主人翁的态度克服困难，发挥了工人阶级的无穷智慧和创造精神，继“中苏友好”号之后，又一次的光辉成就。新造机车是我们中国有史以来的一件大事情，希望你们再接再厉，团结一致，总结经验，努力钻研，学习先进工作方法，为今后大量制造新车，完成国家经济建设、铁路运输的光荣任务而奋斗。

滕代远

滕代远部长的贺电，获得了大家经久不息的掌声。

接着，由技术副厂长陈泰棣简要地介绍了新型机车研制生产的情况。随后，由厂党委书记李华代表全厂职工宣读了《四方铁路工厂职工上书毛主席朱总司令致敬信》，全文如下：

敬爱的毛主席、朱总司令：

为了纪念中国人民解放军“八一”建军节25周年，我们用自己所造的第一台新火车头——“八一”号，作为这一光荣、伟大的节日的献礼。

今天，我们为新中国第一台自造火车头的落成而感到无限的光荣。

为了迎接祖国大规模的经济建设，为了祖国的经济日趋繁荣，为了加强祖国的国防力量，我们有充分的信心，积极响应您的号召，在伟大的爱国增产节约运动中，继续努力，制造大批的新火车头来增强国家的铁路运输，并以实际行动来支持在保卫世界和平中屡建丰功伟绩的中国人民志愿军。

此致

敬礼

中央人民政府铁道部四方铁路工厂全体职工

1952 年 8 月 1 日

最后，易司令员、赖市长、李华等人先后发表热情洋溢的讲话。下午5时许，落成典礼大会在铿锵有力的《团结就是力量》的歌声中结束。

当晚，这台被命名为“八一”号的蒸汽机车，满载着青岛人民和车厂职工对祖国的深情厚谊驶向了北京，驶向了抗美援朝的前线。它那嘹亮清脆的汽笛声，揭开了中国铁路机车车辆工业史上崭新的一页！

“解放”型蒸汽机车成为中国20世纪五六十年代铁路运输动力的主型货运蒸汽机车，至1960年停止生产，共生产了216台。而在青岛四方铁路工厂诞生的新中国第一台火车头——“八一”蒸汽机车的红色大动轮，在祖国的东西南北的铁轨上整整滚动了40年。在这40年的建设岁月中，“八一”机车跑遍了祖国大江南北，她目睹了新中国日新月异的巨大变化。

1992年5月30日，新中国成立后自行设计制造的第一台火车头“八一”号解放型蒸汽机车（编号2102）光荣退役。经铁道部批准，由安徽省蚌埠铁路分局淮南机务段调拨给中国蒸汽机车协会，作为永久纪念。

“纺织大国崛起，纺织强国在望”的背后

陈义方*

当前，中国纺织工业正处在中国乃至世界经济史上罕见的高峰状态。进入21世纪以来，取得了一系列远超预期的成就。社会各界以至业界人士都有必要重新“发现”这个庞大的产业，并以史为鉴，深入了解中国纺织工业半个多世纪以来的宝贵历史经验，有所发展、有所选择地用于纺织强国乃至工业强国建设。

新中国纺织工业的历史传承和发展成就

纺织工业，中国最大的传统产业。

它拥有辉煌的历史传承。早在汉代，中原地区发达的桑麻生产和手工丝织业，以及由此衍生的东西方经济、技术、文化交流的丝绸之路，就已承载着中华古文明，引领中亚、西亚、南欧、西欧和东南亚、南亚

* 作者系原中国纺织工业部离休老干部。本文根据“中纺联”党委举办的2016年“纺织强国建设大讲堂第九讲——纺织大国崛起历程”的部分讲课稿修改而成。

许多国家的手工纺织业。直到19世纪中后期，东南沿海各省出产的高品级生丝，仍然是中国对外贸易最重要的出口商品。两千多年后的今日，发展至推进亚欧各国国际合作共赢的“一带一路”大战略，更可说是中国纺织业的殊荣。

作为中国近代工业的先导产业，纺织工业早期（1880—1949）创业历程可谓举步维艰，历尽磨难。洋务运动时创办的第一批纺织工厂，没有一家寿命超过十年。幸而“实业救国”这面旗帜激发出一批有识之士投身纺织工业建设，方使之能在20世纪中期以“中国最大的传统产业”，作了差强人意的历史阶段性总结。

新中国成立时，纺织工业已有点基础，但总体上还远远落后于美、英、法、德、意、俄和日本、印度。1950年，中国人口在全球占比22%，而中国纺织工业的棉纺锭（513万锭）在全球占比仅为5%，棉纱年产量（43.7万吨）在全球占比仅为7.8%。同年美国是2179万锭、181.4万吨，大体是中国的四倍。

“衣食住用行”五大民生问题，衣食当先。中国社会历朝历代，受制于生产力发展水平和生产关系，都没有解决好老百姓普遍丰衣足食的问题。新中国成立之初，1950年全国棉布产量人均仅4.5米，确确实实是个“人民衣被甚少”的局面。

从1950年至今，纺织工业快速、持续发展，终于圆满地解决了这个重大民生问题。截至2015年，棉型织物年产量由25.2亿米发展到893亿米；在全国人口增加1.5倍的情况下，人均棉型织物产量增长12.5倍，发展到65米。扣除棉型织物直接出口和棉型梭织服装出口用布后，2010—2015年间，每年可供国内城乡市场的棉型织物总量在600亿米左右，即人均45米左右，足可满足小康社会较高水平的衣被消费需求。

至于涵盖棉、毛、麻、丝、化纤等全部纺织品的人均纤维消费量，从1950年不足1公斤、1978年2.5公斤，发展到2010年的18公斤（同年全球平均11.8公斤）、2015年的18.25公斤，更能说明当代中国纺织品消费水平的小康局面。

由纺织工业主导的服装、家用纺织品等民生用品的生产和供应，是中国社会最先告别短缺经济、最先由卖方市场转变为买方市场的工业经济领域。特别是改革开放以来，随着温饱问题的解决，城乡人民服饰“蓝、黑、灰一抹色”的情景消失了，取而代之的是服饰多样化、时尚化。反映时代精神、时代风貌的时装和华丽的家用纺织品，进入城乡普通人家。

20世纪80年代以来，中国在国内市场纺织品供应有充分保障的情况下，开始大举进入纺织品服装国际市场。仅十几年时间，1996年我国纺织品服装以出口总额371亿美元开始跃居世界首位（全球占比11.7%）。进入21世纪以来，随着经济全球化和中国加入世贸组织，中国纺织工业在世界市场上所占份额进一步上升。2000—2015年间，以欧美发达国家为主要市场，年出口额由530亿美元（全球占比15%）发展到2911.5亿美元（全球占比37%左右）。相应地，纺织工业的贸易顺差由2000年的391.5亿美元（同年全国进出口贸易总顺差241亿美元），上升到2015年的2646亿美元（同年全国进出口贸易总顺差5945亿美元）。纺织工业在国家平衡国际收支、增加外汇储备中的重大作用，越来越明显了。

中国纺织工业现今不仅规模在世界范围遥遥领先，其设备、技术也已在总体上进入国际先进行列。这个重大进展，并不是自然而然形成的，其中确确实实有个大战略在起着重大作用。中国纺织工业在快速、持续发展的进程中，有若干最为关键、最为成功的发展战略：纺织系统自己发展纺织机械制造业，立足自力更生解决新厂建设和设备技术现代化不可或缺的机器装备问题；纺织系统与化工部门联手发展化纤制造业，解决纺织工业大发展不可或缺的纺织原料资源问题；抓住经济全球化的历史性机遇，用好国内国际“两种（原料）资源、两个市场”实行“国际大循环”；加快发展“服装、家纺、产业用纺织品”三大纺织工业终端产品，拓展纺织产业链，增加纺织工业生产附加值。

前两项大战略的定策和具体部署，是20世纪五六十年代在毛主席等中共领导人直接过问下实现的。后两项大战略在80年代中期提出和具体部署，也是出自中共中央、国务院高瞻远瞩的顶层设计。

进入改革开放新时期，特别是进入21世纪以来，又几乎是并行地出台了一系列行之有效的、新的发展战略，其中最为成功的有两项：一、支持并引导基于城镇经济的纺织、服装产业集群（专业市场）的健康、有序发展；二、自力更生搞研究、开发、创新与引进、消化、创新同时并举，全面加快、加大纺织工业设备、技术现代化的进度和力度。

纺织工业这六项重大发展战略，在新中国成立后至今，有效地推动了纺织工业的快速、持续发展。

纺织系统自己造纺织机器

旧中国机械工业基础薄弱，纺织工业主要机器设备几乎全数依赖进口。新中国成立伊始，国家迫切需要大规模建设纺织工业。1953年3月，毛泽东、周恩来、朱德等领导人听取纺织工业部党组关于“一五”时期纺织工业扩大棉纺生产能力180万—250万锭的建议。经反复研究后毛主席最后拍板：“不是180万锭，也不是250万锭，而是300万锭。”

可是，机器设备从哪里来？靠进口，何来许多外汇？靠机械工业部，看来也难。于是，以钱之光部长为首的纺织工业部领导集体提出了一项重大战略：纺织系统自己发展纺织机械制造业，自己造纺织机器。

1956 年 3 月初，钱之光代表纺织工业部党组向毛主席汇报纺织工业“一五”计划执行情况、基本经验以及远景规划设想，在汇报到设备制造和已有 60 万锭成套棉纺织设备制造能力时，毛主席说：专用机器有条件自己搞的，就自己搞，不要依靠机械部门。60 万锭生产能力小了，应再搞一些。

在汇报到第二个五年计划期间机械工业部门不能全部满足纺织工业所需通用机械时，毛主席用略带批评的口吻说：你们野心不大，斗争性不强。重工业部门都积极地抓，你们老是推。凡是机械部不干的，你们都干，积极抓人，自己干，这样才有保证。钱之光听了毛主席这番话，深受鼓舞，更加坚定了抓纺织机械制造的决心，以至于后来，有些为纺织机械配套的专用马达、轴承和仪器仪表都由纺织系统自己干，纺织工业部因此在当时被誉为半个机械部。

从开国部长钱之光开始，新中国成立后，纺织系统一直坚持这项大战略。中国纺织工业的工业规模逐步扩大，棉纺织工业发展到一亿几千万锭，毛纺织工业发展到五六百万锭，化纤制造产能发展到年产 5000 万吨左右，服装工业发展到年产 300 亿件左右。如此巨大规模的工业发展所需的机器设备，主要立足国内自力更生，而且主要是依靠“大纺织”产业链序列的纺织机械制造业。仅就 12000 万锭棉纺设备而论，如果依赖进口机器，按近年国际市场每 1 万锭成套纺纱设备平均价格 250 万美元匡算，即需外汇 300 亿美元。换个角度来说，如果没有这项大战略，或对这项大战略执行不力，中国纺织工业怎么能把棉纺织工业从 500 万纺锭发展到 12000 万锭，怎么能实现“纺织大国崛起”和顺利地建设“纺织强国”？看似平常的“纺织系统自己造纺织机器”这项大战略，就是如此地重要而成功。

化纤制造业成就“衣被天下”局面

中国人口多、耕地少，单靠农牧业提供的棉、麻、毛、丝天然纤维，根本解决不了大规模发展纺织工业所需的原料问题。出路何在？钱之光老部长早在新中国成立初期，就高瞻远瞩地看到了发展化纤工业的必要性，开始酝酿“天然纤维与化学纤维并举”的大战略，并在各个方面进行准备工作。

这一重大发展战略得以正式出台，得益于中共中央、国务院的决策。1957 年秋冬，周恩来总理决定：组织一个化工化纤考察团，由化工部副部长侯德榜带队赴日本考察。在中南海西花厅接见出访前的考察团时，周总理说了如下一番话：中国 6 亿人口，人多耕地少，光靠天然的农产品要解决好温饱有困难，吃饱穿暖都有问题。派你们到日本去考察，看看他们的技术如何；如果好的话，有可能买他们的技术设备来建设中国的化肥厂增加粮食，建设中国的化纤厂发展化纤，解决温饱问题。

1960 年 7 月，纺织工业部向党中央建议采用棉短绒、木材为浆粕原料，新建一批粘胶纤维厂。时任国务院副总理的邓小平当即批示：“我看是值得的，还有合成纤维也必须考虑。”李先念副总理也批示：“建议及早动手，迟办不如早办好。”钱之光亲自带队深入大兴安岭林区和海南岛腹地调查研究，寻找可利用的化纤原料资源，并去农村实地调查研究棉短绒、棉秆皮利用问题。8 月，纺织部党组向党中央作《关于纺织工业发展方针的请示报告》，着重提出“实行天然纤维与化学纤维并举的方针”，得到党中央批准。1961 年 1 月，李先念副总理指示纺织部：“今年 5 万吨人造纤维的建设，一定要争取搞上去。”

经国务院批准，从日本引进全套设备建设北京维尼纶厂。1963 年 10 月开工建设，1964 年 9 月建成投产。钱之光先后陪同邓小平、彭真、杨尚昆到该厂参观。邓小平参观后说：这个厂可以扩建，一个厂 1 万吨，可以办它十个厂，以解决棉花不足的问题。

1972 年 1 月，钱之光组织起草《关于充分利用我国石油、天然气资源，发展化纤和化肥的报告》。送国务院业务组后，李先念、华国锋、余秋里联名向周总理报告：经国家计委与有关部门商量，拟引进化纤新技术成套设备 4 套，化肥设备 2 套，约需 4 亿美元，争取五六年内全部建成投产。投产后一年可生产化纤 24 万吨、化肥 400 万吨。2 月 1 日，周总理在李先念报告上批示："拟同意，即呈主席批示。"毛泽东圈阅表示同意。钱之光关于建设一批大型合成化纤维企业以加快化纤工业发展的愿望得以实现。

当时年已 72 岁的钱之光，从此把全部精力集中到四个大化纤项目建设上。李先念副总理当时以赞许的口气对钱之光说："化纤不搞到 100 万吨，不让你到八宝山见马克思。"

1978 年春，在钱之光支持下，刚刚重新组建的纺织工业部又提出：到 20 世纪末，要建设十个大化纤厂，以解决长期以来纺织品"生产赶不上需要，原料供应赶不上生产"的矛盾，解决好全国人民的穿衣需要。国务院批准了这个报告，并由国家计委逐项落实。这十个化纤项目在 20 世纪七八十年代先后建成，由此奠定了中国化纤制造业的雄厚基础，为中国社会衣被问题的大解决创造了原料前提。

这项大战略实施的结果是：新中国化纤制造业从零起步，逐步发展到 1980 年的 45 万吨、2000 年的 695 万吨、2015 年的 4832 万吨。化纤在中国纺织工业"纤维加工量"中的比重，到 2010 年已达 70%。2015 年中国纺织工业"纤维加工量"5300 万吨中，化纤的比重更已高达

85%。如果不采取全力发展化纤制造业这项大战略，中国纺织工业不可能有今天“世界工厂”“衣被天下”的大局面。

拓展深加工领域，发展终端产品

加快发展纺织业三大终端产品——服装、家用纺织品、产业用纺织品，拓展纺织业深加工领域，增加纺织生产附加值，这是20世纪80年代中期由纺织工业政策研究部门首先提出，纺织工业部决定，并在国务院直接过问下制定而成。为此，国务院将服装工业和丝绸工业划归纺织部进行行业管理。

世界上服装缝制从手工方式（手工业作坊、工场手工业和家庭手工缝纫）走向工业化生产，迄今还不到200年的时间。中国更是直到20世纪初才出现中小型针织内衣工厂；20世纪三四十年代，才出现较有规模的专门生产衬衫的上海新光内衣厂，专门生产风雨衣的A. D. K雨衣厂等服装企业；40年代，才在上海出现几家专门制售“现成西服”的企业。新中国成立后的三十几年间，随着人民群众生活水平的提高，全国城乡雨后春笋般地办起大量中小型服装企业，但多数是由几十台家用缝纫机、几张裁剪桌拼凑起来的手工业“工场”。直到1978年，全国服装工业年产量还只有6.73亿件。真正的发展，是从20世纪80年代在社会主义市场经济的新形势下，国家把“成衣工业化”作为产业政策提出以后的三十几年间。20世纪八九十年代，中国服装工业高速发展起来。全国服装产量在1990年已达到了31.7亿件，全国大大小小服装企业已有了35000多家，职工300多万人，真正发展成了大工业部门。在取消布票的情况下，全国城乡服装市场开始高度繁荣，在各类民生领域中首先告别短缺经济。

进入21世纪以来，出现了更令国人高兴的新局面。2000—2015年的15年间，全国规模以上服装企业的服装（指用梭织衣料缝制的服装，下同）产量，由87亿件激增到165亿件，出现了雅戈尔集团、杉杉集团、罗蒙集团、红豆集团、波司登集团、际华集团、万事利集团和海澜之家、森马服饰、七匹狼、九牧王等等众多大型服装企业和品牌。2015年全国服装业仅规模以上企业（年销售2000万元以上）就有15585家，全行业主营业务收入达2.4万亿元。用精良机器设备制造的大量西装、夹克衫、男女大衣、运动衣裤、牛仔服、羽绒服以至女式时装、婚纱礼服，不仅从供给侧方面适应了全面小康社会建设的市场需求，而且发展成了当今中国最为重要的出口创汇行业。

在毛巾、被单等小行业的基础上发展起来的家用纺织品制造业，也发展成了大行业。到2015年已发展到拥有规模以上企业1847家，主营业务收入2606亿元，出口总值402亿美元。华芳集团、梦兰集团、孚日集团、博洋家纺、愉悦家纺、梦洁家纺等众多大企业，无论设备、发展规模和产品品质，都达到了世界第一流水平。

方兴未艾的产业用纺织品制造业，到2015年已发展到纤维加工总量1341万吨（在全部纺织业纤维加工总量中占比25%）。同年“规模以上企业”已达1886家左右，主营业务收入2926亿元，出口总值208亿美元。这个新兴行业被世界普遍看好，将成为中国纺织工业继续发展的一个重要领域。

“大出”“大进”的国际大循环

抓住经济全球化的历史性机遇，大出（纺织品，服装）大进（纺织原料），实行“国际大循环”，用好国内国际“两种（原料）资源、两个市场”，大举进入国际市场。20世纪80年代出自国务院顶层设计（田纪云副总理指示）的这项发展战略贯彻执行的结果是：全国纺织品、服装出口总值从 1980 年的 44. 1 亿美元逐步发展到 1990 年的 138. 5 亿美元、2000 年的 530. 4 亿美元、2010 年的 2120 亿美元、2015 年的 2911. 5 亿美元。在全球的占比，由 1980 年时的 4. 6% 逐步上升为 2000 年的 14. 8%、2010 年的 34. 3%、2014 年的 37. 4%，都是世界范围的空前纪录。

很值得一说的是，经过半个多世纪的持续发展，特别是经过改革开放三十几年间市场经济环境的锤炼，“大纺织”产业链的十二个行业，凭着自己的工艺技术、产品品质、产品结构、经营能力，近年都已进入世界范围相应产品领域的主要出口国家行列。六个传统行业在 2015 年达到的出口创汇分别为：棉纺织业 255. 5 亿美元、毛纺织业 128 亿美元、麻纺织业 19. 14 亿美元、丝绢纺织业 31. 5 亿美元、印染业 206. 6 亿美元。原先的“小行业”针织业，在这一年竟达到 984. 4 亿美元的水平。三个新兴的终端产品制造业在 2015 年分别实现出口创汇数为：服装业 784. 9 亿美元、家用纺织品行业 402. 3 亿美元、产业用纺织品行业 208 亿美元。由化纤制造业和丝绸行业衍生的化纤长丝织造业，近年发展成了“大纺织”产业链出口创汇的一匹“黑马”，2015 年出口创汇 166 亿美元。

最出人意料的是两个行业。担负着纺织原料生产供应重任的化纤制造业，在 2015 年竟实现出口 340 万吨 62. 7 亿美元；担负着纺织工业机械设备供应重任的纺织制造业，在 2015 年竟也进入“主要出口国”行业，实现出口创汇 30. 5 亿美元，超过了同年“大纺织”系统进口机器设备的用汇总额。

在兴办乡镇企业热潮中顺势而为

兴办中小微型纺织、服装企业以活跃县域、乡镇经济，本就是全国各地众多县、乡、镇政府和县（市）、乡镇居民的愿望，也符合中国发展纺织工业的国情、业情。20 世纪 80 年代，许多省市（首先是浙江、江苏和广东、福建）兴起了“乡镇企业热”。办什么乡镇企业？首选是投资不多、设备技术比较容易解决、市场门路较多的小织布厂、小服装厂、小针织厂、小毛巾被单厂等中、小、微纺织、服装企业。不多几年间，又是客观经济规律使然，一些乡镇纺织、服装企业为求生存发展，自发地趋向扎堆经营，形成了各具特色的纺织、服装产业集群（专业市场）。佛山张槎、晋江石狮、东莞虎门、吴江盛泽、海门叠石桥、绍兴柯桥、海宁许村、桐乡濮院、海城西柳、河北清河等纺织、服装产业集群（专业市场）相继涌现并逐步做大做强。

纺织工业部早在 20 世纪 80 年代前中期，就开始关注这一新事物。进入 21 世纪以来，中国纺织工业协会在产业政策上更进了一步。2002—2008 年间，分批选择 145 个县、镇作为试点单位，并授予“名城”“名镇”称号。以颇具激励作用的方式方法，引导纺织、服装产业集群（专业市场）有序、健康发展。这些产业集群到 2008 年时已发展为 17 万户企业、800 万职工。经过近十年的发展，已成为中国纺织工业的重要组成部分。就其商贸部分而论，已发展成为“中国纺织品、服装内销的干渠”。

不断创新的纺织工业现代化

自主研究、开发、创新与引进、消化、创新并重，加快纺织工业现代化的进度与力度。这一重大发展战略，是 20 世纪七八十年代建设一批特大型化纤工厂时，开始探索并逐渐形成的。经过认真考察、货比三家后引进的金山石化、辽阳石化、仪征化纤等特大化纤企业的成套设备技术，不仅为发展化纤工业赢得了时间，而且学创结合拿到了多项关键设备的核心技术。通过“引进、消化、创新”的方法拿到的年产 1.5 万吨涤纶短纤维抽丝成套设备核心技术，开辟了涤纶纤维大型成套设备国产化的道路。自 1986 年通过鉴定以来，大批量用于新厂建设；2015 年全国化纤工业总产量 4832 万吨中，涤纶纤维竟占了 3918 万吨（81%）；这项“引进、消化、创新”的成果，可谓惊人。主持这项研制工作的丁增熙同志（原纺织工业部装备司副司长）前些日子还告知，这套设备后来又一再升级，现已达到年产 6 万吨，并已有出口。

近年来我国棉纺织染工业现代化进展很大。重中之重的清梳联合机、自动络筒机、各类无梭织机、超长型细纱机等一系列国际先进水平纺织机械的批量制造并大面积应用于棉纺织业，同样也是得益于“引进、消化、创新”和类似的做法“技贸结合，国际合作生产”。这项大战略的“定策”和具体化，其实也出自中共中央、国务院。其早期的源头，可以追溯到 1955 年刘少奇在听取纺织工业部汇报工作后讲的那段话：“应当做一个规划。全世界的好机器都要搜集，都要造出来。”具体的“定策”，则可追溯到 20 世纪八九十年代。90 年代初，中共中央、国务院对纺织工业设备、技术升级有个“特批”。1991 年，时任副总理的朱镕基明确提出：“引进技术，技贸结合，合作生产，大力提高中国自主制造设备发展工业的能力。”

上面讲的纺织工业六项重大战略，从宏观层面有效地推动了中国纺织工业的快速、持续发展以至大发展。这一项项颇具中国特色的工业发展战略，集中体现了中国纺织工业的工业管理水平；同时，典型地体现了中国共产党在经济建设方面的执政能力。新中国成立后的几代纺织人、数以十万计的工业管理干部和工业技术人才，为此奉献了聪明才智，以致奋斗终生。数以百万计的产业工人，为此奉献了青春年华。曾经和正在参与纺织工业生产、建设的纺织人，可以也理应为此自豪。

纺织工业是典型的制造业，中国纺织工业是“中国制造”的骄傲。它已经为自身的“工业 2.0”时代画上了圆满句号，并正在稳步走向“工业 3.0”，争取为两个百年目标再添华章。

盛世伟业　水润中华

——南水北调五十年论证纪事*

《纵横》编辑部

中华文明源远流长，南水北调让滚滚东流的长江之水可以改道北流，使得长江与长城相遇，长江与黄河相拥。它将同长江、黄河等母亲河一道，在未来的历史长河中继续哺育着中华儿女在华夏大地上生生不息，承载着中华民族伟大复兴的“中国梦”奋勇向前。

2002年，国务院正式批复《南水北调工程总体规划》，在中华大地上勾勒出三条南北走向的人工天河——总体格局确定为东、中、西三条线路，分别从长江流域的下、中、上游向北方地区调水，规划最终调水规模448亿立方米，其中东线148亿立方米，中线130亿立方米，西线170亿立方米。

该《总体规划》提出的三条调水线路，绝不是在地图上简单地画出

---

* 本文素材由国务院南水北调办公室提供。

三条线路那样简单。从 1952 年毛泽东同志提出南水北调的宏伟构想，到 2002 年国务院正式批复《南水北调工程总体规划》并动工实施，其间经历了长达半个世纪长期而广泛、艰辛而缜密的前期论证工作。可以说，这是一项科学的研究、民主的决策，凝聚了成千上万科技工作者的精力和心血。尤其是已经开工建设的东、中线一期工程，具备扎实的前期研究基础。

南水北调 50 年的前期论证之路，漫长而又曲折。20 世纪五六十年代，由于工程技术上的难题和投资困难，主要论证焦点集中在工程上不上的问题；到了 20 世纪八九十年代，由于投资方面的考量，以及治污环保和移民问题，争论的焦点主要是哪个区域更急需，先上东线还是先上中线的问题。2002 年，党中央、国务院最终决定：东、中线工程一起上马，同步建设。在此期间，倾注了历届中央领导集体的智慧和心血，融汇了上万名科技工作者孜孜不倦的探索和追求，凝聚了社会各界的关注和关心。漫长而谨慎的决策过程，充分体现了南水北调工程前期论证的艰辛和不易、科学和缜密。

丹江口大坝

干旱缺水，困扰中华民族千年的难题

综观我国历史，水旱灾害始终是困扰中华民族发展的重大难题。我国的自然气候特点，造成了南方水多，北方水少的现实状况。全国水资源量的81%集中分布在长江及其以南地区，而淮河及其以北地区，水资源量仅占全国的19%。为了抵御北方游牧民族的侵扰，历朝历代往往都定都北方人口、经济聚集的地区。历史上，我国北方地区旱灾频发，遇到大的灾年，灾民流离失所，饿殍遍野，易子相食，由此引发社会动荡，甚至造成王朝更替。

陶岔渠首

沙河渡槽

我国历史上最早的旱灾记载，始于距今3800多年前（公元前1809年）伊洛河流域的大旱，即所谓“伊洛竭而夏亡”。民国时期国内外学者都曾利用《古今图书集成》《东华录》以及其他文献记载对中国历史上的水旱灾害进行统计，其结果无一例外地显示旱灾发生的次数多于水灾。据邓拓《中国救荒史》的统计结果，公元前 1766 年至公元 1937 年，中国共发生旱灾 1074 次，平均约每三年四个月便有 1 次；水灾共 1058 次，平均三年五个月 1 次。① 旱灾给我国人民带来的灾难，给中华文明造成的破坏，远比其他灾害严重得多。无怪乎美籍华裔学者何炳棣在其关于中国人口历史的研究中曾断言："旱灾是最厉害的天灾。"

善治国者，必先治水。从这一角度而言，我国的历史可以说就是一部兴水利、治水害的历史。从调水工程来看，小规模的调水工程古已有之。比如，春秋时期的吴王夫差，早在公元前 486 年，就修造了著名的运河邗沟来引江入淮，在很长一段时间内，邗沟都是我国东部平原地区的水上运输大动脉。公元前 361 年，魏惠王修造鸿沟引黄入淮，不仅是黄淮间的主要航路，后来更成了著名的"楚河汉界"。公元前 256 年，李冰父子主持修建的都江堰，引岷江水浇灌成都平原，催生出了举世闻名的天府之国。公元前 246 年，秦国穿凿出郑国渠引泾入洛，将贫瘠的渭北平原变成了富饶的八百里秦川。公元前 214 年，秦朝修造灵渠引湘入漓，打通了长江和珠江流域，形成了遍布华东华南的水运网。公元 605 年，隋朝开凿名震天下的京杭运河，它联系海河、黄河、淮河、长江以及钱塘江等多条河流，极大地推动了沿线地区的经济文化发展，促进了南北交融。

这些调水工程，要么解决了一个小范围的缺水问题，比如都江堰；要么以漕运、航运为主要目的，比如著名的京杭大运河。但是，它们却无法从根本上改变我国水资源分配与人口、经济、社会等发展不相匹配

---

① 《邓拓文集》第二卷第 41 页，北京出版社 1986 年版。

的格局。如何解决干旱缺水这一已经困扰中华民族千年的民族之殇？随着民族的独立、国力的增强，一个宏大的战略构想注定要在新中国成立之后被提出，绘就蓝图，成为现实。

穿黄工程三维效果图

南水北调中线北京段总干渠团城湖调节池（左上）和团城湖明渠（右下）

新中国成立之初，提出南水北调战略构想

1952 年 10 月 30 日，毛泽东主席于新中国成立后第一次出京巡视，他选择了被中华民族视为母亲河的黄河。在河南郑州黄河边的邙山，黄河水利委员会主任王化云汇报了黄河的治理情况并提出了从长江引水补

充黄河的构想。毛泽东听后俯视着滔滔黄河，略作沉吟后说：“南方水多，北方水少，借一点来是可以的。”就这样，南水北调这个宏大的战略构想被提了出来。

1953年2月19日，毛泽东从武汉军用码头登上“长江”号军舰，顺江东去南京。在船上，毛泽东与奉命登舰的长江水利委员会主任林一山讨论了三峡工程和南水北调问题。在谈到南水北调时，毛泽东和林一山探讨了从白龙江、嘉陵江、汉江等向北方调水的可能性，最后认为汉江最具备调水的条件，而且在丹江口一带有条件兴建引水工程。毛泽东要求林一山回去后立即派人勘察。军舰快到南京时，毛泽东又叮嘱林一山说：“三峡问题暂时还不考虑开工，我只是先摸个底，但南水北调工作要抓紧。”回去后，林一山便布置了引汉济黄线路的勘察。这一年，他们在丹江口河段勘察了三条线路，其中一条就是由丹江口水库自流引水，通过“方城垭口”向北方调水的线路。1954年，林一山把《南水北调》报告寄给了毛主席。

此后四年里，中央先后在四次全国性会议上提到南水北调。1958年3月在中央成都会议上，毛泽东说：“打开通天河、白龙江，借长江水济黄，丹江口引汉济黄，引黄济卫同北京连起来了。”同年8月，在北戴河召开的中央政治局扩大会议上明确指出：“全国范围的较长远的水利规划，首先是以南水北调为主要目的，即江、淮、河、汉、海各流域联系为统一的水利系统的规划应加速制订。”这是“南水北调”一词第一次正式见诸中央文件。

1958年2月27日，周恩来同志在视察三峡途中提出将丹江口工程列入第二个五年计划。同年3月，中共中央正式决定：动工兴建汉江丹江口水利枢纽，以丹江口水库作为南水北调的水源地。当时的水电部批准丹江口水库正常蓄水位170米的方案，明确了引汉灌溉唐白河流域和引汉济黄济淮的任务。同月，丹江口水库开工建设。

此后，由于受三年自然灾害的影响，经济困难严重，丹江口水利枢纽也不得不分期建设。1966 年，国务院正式批复：丹江口大坝初期规模正常蓄水位定为 157 米，坝顶高程 162 米。

“文革”浩劫，百业凋敝，南水北调前期论证也被搁置。1972 年华北地区发生大旱，国务院于 1973 年 7 月召开北方 17 省、直辖市抗旱会议后，水电部组成南水北调规划组，研究从长江向华北平原调水的近期调水方案，选择东线作为南水北调近期工程，并以京杭运河为输水干线送水到天津的实施方案。

借改革开放东风，南水北调论证再上议程

1978 年，五届全国人大一次会议上通过的《政府工作报告》中正式提出：“兴建把长江水引到黄河以北的南水北调工程。”同年 10 月，水电部成立了南水北调规划办公室，对南水北调工程进行统筹规划和综合研究。1980 年 7 月，邓小平视察丹江口水利枢纽工程，详细询问了工程建成后防洪、发电、灌溉效益与大坝二期工程加高情况。

同年 10 月至 11 月，根据中国科学院和联合国大学的协议，由联合国大学比斯瓦斯博士等八位专家，联合国一位官员，我国水利部、高等院校、科研部门的专家、教授、工程技术人员等共 60 多人，对南水北调中线和东线进行考察并在北京举行了学术讨论会。经过考察和讨论，专家们认为南水北调中线和东线工程技术上可行，联合国专家还建议在经济和环境方面补充研究南水北调问题。

此后两年间，海河流域连续两年发生严重干旱，国务院决定：官厅、密云水库不再给天津、河北供水，临时引黄接济天津，加快建设引滦工程。国家计划“六五”期间实施南水北调工程。

1983 年 2 月，国务院第十一次会议决定：批准南水北调东线第一期工程方案并下发《关于抓紧进行南水北调东线第一期工程有关工作的通知》。在这个阶段，江苏省结合京杭运河续建工程，初步建成江水北调工程体系。1988 年 6 月，时任国务院总理李鹏对国家计委的报告作了批示：同意国家计委的报告，南水北调必须以解决京、津、华北用水为主要目标，按照谁受益、谁投资的原则，由中央和地方共同负担。

迈进新世纪，50 年“南水北调”梦从蓝图跃入现实

1991 年 3 月，七届人大四次会议通过的《国民经济和社会发展十年规划和第八个五年计划纲要》中明确提出：“‘八五’期间要开工建设南水北调工程。”次年 10 月，时任中共中央总书记江泽民在中国共产党第十四次全国代表大会上的报告中，把南水北调工程与长江三峡水利枢纽、西煤东运新铁路通道和千万吨级钢铁基地列为中国跨世纪的骨干工程。

1995 年 6 月，时任国务院总理李鹏主持召开国务院第 71 次总理办公会议，专门研究南水北调工程问题。李鹏在会上指出：南水北调是一项跨世纪的重大工程，关系到子孙后代的利益，一定要慎重研究，充分论证，科学决策。1996 年 3 月，南水北调工程审查委员会成立，由时任国务院副总理邹家华任主任，副总理姜春云、国务委员陈俊生、全国政协副主席钱正英任审查委员会副主任，对《南水北调工程论证报告》进行审查。1998 年，为期两年多的南水北调工程论证、审查工作结束。次年 6 月，江泽民在黄河治理开发工作座谈会的讲话中指出：为从根本上缓解我国北方地区严重缺水的局面，兴建南水北调工程是必要的，要在科学选比、周密计划的基础上抓紧制定合理的切实可行的方案。

1999—2001 年，北方地区再次发生连续的严重干旱，京津地区和胶

东地区严重缺水，天津被迫实施第六次引黄应急。社会各界对北方地区水资源短缺的严峻形势达成共识，迫切希望尽早实施南水北调工程。水利部于2000年7月组织编制了《南水北调工程实施意见》。

2000年9月27日，时任国务院总理朱镕基主持召开国务院南水北调工程座谈会。朱镕基在会上指出，南水北调工程是解决我国北方水资源严重短缺问题的特大型基础设施项目，必须正确认识和处理实施南水北调工程同节水、治理水污染和保护生态环境的关系，务必做到先节水后调水、先治污后通水、先环保后用水，南水北调工程的规划和实施要建立在节水、治污和生态环境保护的基础上。

按照新的要求，水利部组织开展了南水北调工程总体规划工作，提出南水北调工程东、中、西线与长江、淮河、黄河、海河构成“四横三纵”的总体布局。淮委（水利部淮河水利委员会）和海委（水利部海河水利委员会）提出了东线工程修订规划，长委（水利部长江水利委员会）提出了中线工程修订规划，黄委（水利部黄河水利委员会）完成了西线工程规划。

2002年8月23日，朱镕基主持召开国务院第137次总理办公会议，审议并通过了《南水北调工程总体规划》，原则同意成立国务院南水北调工程领导小组，原则同意江苏三阳河潼河宝应站工程、山东济平干渠工程年内开工。同年10月10日，江泽民主持召开中共中央政治局常委会议，听取南水北调工程总体规划汇报，审议并通过了《南水北调工程总体规划》。同年11月，中共十六大报告中指出：抓紧解决部分地区水资源短缺问题，兴建南水北调工程。同年12月23日，国务院正式批复《南水北调工程总体规划》。经过50年的期盼，这一南水北调工程的基础和纲领性文件终于正式出台。

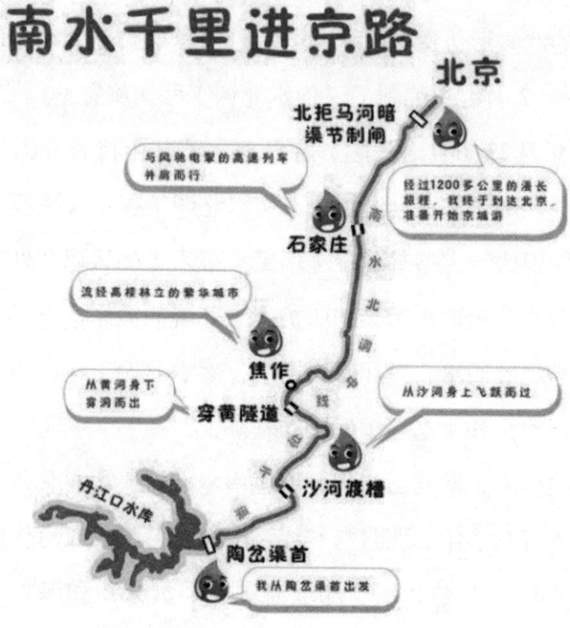

南水北调中线总干渠工程示意图

在总体规划的基础上，相关技术部门相继编制可行性研究报告和初步设计报告，再到具体的施工设计方案，最后通过广大建设者让南水北调的宏伟构想从蓝图一步步变成现实。2002 年 12 月 27 日，南水北调工程开工典礼在北京人民大会堂和江苏省、山东省施工现场同时举行。这标志着南水北调工程进入实施阶段。一年后，南水北调中线工程正式开工并迅速进入全面建设阶段。

“四横三纵”东中西，布局中华大水网

50 多年来，经过多方论证，南水北调工程最终选择长江为水源地，其基本依据在于：长江是我国最大的河流，水资源丰富且较稳定，多年平均径流量约 9600 亿立方米，特枯年份也有 7600 亿立方米；长江的入

海水量约占天然径流量的94%以上。因此，从长江流域调出部分水量，缓解北方地区缺水是可能的。同时，从长江调水地理条件优越。长江自西向东流经大半个中国，上游靠近西北干旱地区，中下游与最缺水的黄淮海平原及胶东地区相邻，兴建跨流域调水工程在经济技术条件方面具有显著优势。

50多年来，从社会、经济、环境、技术等方面，在反复分析比较了50多种规划方案的基础上，逐步形成了分别从长江下游、中游和上游调水的东线、中线、西线三条调水线路。通过三条调水线路与长江、淮河、黄河和海河四大江河的联系，逐步形成以“四横三纵”为主体的中国大水网。这样的总体布局，是在全面分析我国的地势、山脉、水系、水土资源分布状况和经济社会现状及其发展趋势基础上构建的，可基本覆盖我国黄淮海流域、胶东地区和西北内陆河部分地区，有利于安全、高效、经济地解决我国北方地区的缺水问题，有利于实现我国水资源南北调配、东西互济的合理配置格局，对协调北方地区东部、中部和西部可持续发展对水资源的需求，具有重大的战略意义。其中：

东线工程

布局：规划调水规模148亿立方米，在京杭大运河基础上建设，是千年古运河效益的持续发挥，是中华民族历史文化成就的延续和发扬。工程可利用京杭大运河和江苏江水北调工程的现有泵站和河道，工程量不大，投资较小，易于分期建设。但沿线水质污染严重，处理难度较大，治污是东线工程的难点。通过东线工程的实施，使得古老的大运河重新焕发了青春和活力，实现了调水、航运、排涝等多重功能有机融合，运河水更加充盈，水质极大改善，生态更加优美，南北互利双赢。东线工程从长江下游江苏扬州市江都区抽引长江水，利用京杭大运河及其平行的河道向北输水，并连接起调蓄作用的洪泽湖、骆马湖、南四湖、东平湖四大湖泊，以长江水为源头，一线串珠，四大湖泊的水即可互为补偿，相互调剂。由于黄河以南地势南低北高，为克服落差，黄河以南共设置13级泵站逐级提水北送。调水到达黄河岸边的东平湖后，即可居高临下自流引水，兵分两路，一路向北过黄河，最北到达天津，另一路向东，向胶东半岛输水，最东到达海边城市烟台、威海。

东线刘老涧泵站

组成：东线工程规划分三期实施，一期工程年调水规模87.7亿立方米，干线全长1467公里（其中胶东干线240公里），最北到达山东德州，向沿线江苏、安徽、山东三省供水。二、三期工程将在一期工程基础上扩大调水规模，三期工程建完后，年调水规模将达到148亿立方米，供水范围也将向北扩大到河北和天津。

进度：东线工程是南水北调最早开工的项目，于2002年12月27日开工。经过全体建设者11年不懈努力，东线一期工程已完工，并于2013年11月15日正式通水。通水期间，工程运行良好，干线水质全部达标。截至目前，东线一期工程已两次通水运行，江苏境内宝应站、江都三、四站等八座新建、改扩建泵站工程，已累计抽水153.78亿立方米，其中排涝 39.53 亿立方米，确保了地方灌溉、排涝任务的顺利完成。工程累计向山东调水 7750 万立方米，尤其为缓解 2014 年南四湖区域的旱情起到了重要作用。

中线工程

布局：规划调水规模 130 亿立方米，是经过多方案反复比选后最理想的选择。工程以长江一级支流汉江上的丹江口水库为水源。汉江发源于秦巴山区，水质优良，丹江口水库水质长期稳定在地表水Ⅱ类标准。丹江口水库水量、水质有保障，蓄水后陶岔渠首水位比终点北京海拔高程高出 100 多米，可以自流引水。近期从长江支流汉江上的丹江口水库取水，虽然可调水量比从长江干流取水相对较少，但已能满足近期北方城市缺水需要；远景可根据黄淮海平原需水要求，从长江三峡库区调水到汉江，有充足的后续水源。

组成：中线工程规划分两期建设，一期工程年调水规模 95 亿立方米，主要向沿线的河南、河北、北京、天津四省、直辖市供水，线路全长 1432 公里。二期工程线路和供水范围与一期基本一致，年调水规模将增加到 130 亿立方米。

进度：中线工程比东线晚开工一年时间，于 2003 年 12 月 30 日开工建设，2013 年 12 月 25 日全线贯通。2014 年 9 月 21 日完成全部设计单元工程通水验收，9 月 29 日通过全线通水验收，具备通水条件。全线渠道经过充水试验检验，各项指标满足要求。2014 年 12 月 12 日工程正式通水，12 月 27 日来自丹江口水库的汩汩清泉正式到达终点北京、天津。先期完工的中线京石段应急供水工程，从河北省黄壁庄、安格庄、王快以及岗南 4 个水库向北京调水，自 2008 年 9 月 18 日起，6 年来已 4 次向北京调水 16.1 亿立方米，高峰时期，南水北调供水约占北京城区

中线穿黄工程南岸

用水的60%，极大缓解了首都高峰期的供水压力。

值得一提的是，作为中线重要工程之一的丹江口大坝加高，需要搬迁30多万库区群众。故土难离，移民是一道世界性难题，向来被称为“天下第一难”。在国家“搬得出，稳得住，能发展，可致富”的以人为本的移民政策引导下，在库区干部群众顾全大局，“丹江不北流，誓死不回头”的实际行动中，2012年9月，丹江口库区34.5万群众搬迁全部完成，实现了建委会确定的“四年任务，两年基本完成”的目标。目前，移民在安置地生产、生活稳定，已经逐步融入当地社会。

西线工程

规划调水规模170亿立方米。工程布设在我国最高一级台阶的青藏高原上，居高临下，具有供水覆盖面广的优势。工程从长江上游通天河和大渡河、雅砻江及其支流调水，与黄河上游距离较近，控制范围大，主要解决涉及青海、甘肃、宁夏、内蒙古、陕西、山西六省、自治区黄河上中游地区和渭河关中平原的缺水问题；必要时还可相机向黄河下游地区补水，也可向邻近黄河的甘肃河西走廊地区供水，为西部大开发提供水资源保障，改善西部地区的生态环境。该工程施工区交通不便，施工环境恶劣，工程技术难度大、投资大。目前还在做前期研究，尚没有进入基建审批程序。

东、中、西三条调水线路，各有其合理的供水范围和供水目标，并与四大江河形成一个有机整体，可相互补充。通过构建"四横三纵"的总体布局，可充分发挥多水源供水的综合优势，共同提高受水区的供水保证程度。要解决我国黄淮海流域、胶东地区和西北内陆河部分地区的缺水问题，三条调水线路都需要建设，缺一不可。

民族智慧涌流迸发，合力圆梦南水北调

作为关系到国家可持续发展的特大型基础设施项目，南水北调工程自提上国家议事日程后，就受到了社会各界的广泛关注。几十年来，上至中央领导集体，下到普通民众都对南水北调工程非常关心，提出了大量的观点和看法。50年的前期论证中，仅中央级别的会议就不下20次，历届中央领导集体均认真听取各方面意见，反复论证比选，权衡利弊得失，谨慎决策。社会大众也对南水北调工程倾注了极大的热情。从十来岁的学生到80多岁的老人，他们从国内外来信、来电，对南水北调工程的规划提问题、提建议，希望科学论证南水北调，尽早实施。

几十年来，广大专家学者和工程技术人员对南水北调进行了充分的研究论证，工程技术界各方面的专家先后提出了100多个各类南水北调工程技术设想与方案。为确保有关专家意见的落实，相关主管部门制定了严密的办事程序，建立了在不同层面上反馈专家意见的机制。所有的专题从立项到成果评审，都邀请各方面专家参与，请专家把好质量关。

审查过程分为三个层次，即总报告、附件、专题，自下而上进行。首先，审查总体规划各个附件的专题；其次，审查总体规划的12个附件；再次，审查总体规划报告。所有的审查都邀请各方面专家，特别是有不同意见的专家参加。严密的办事程序和建立在不同层面上反馈专家意见的机制，为整个规划的出台奠定了可靠的技术基础，使各方面的意见和建议在规划中都能得到充分反映。

作为一项重大战略工程，规划与论证必须具有广泛性、代表性。仅总体规划阶段，参与规划和研究的科技人员就超过2000人，参与的单位除了水利系统的10个规划、设计和科研单位外，还有国务院有关部委的14个科研教育单位和沿线七省（市）及44个地级市政府的计划、水利、建设、环保、国土、农业等部门。相关主管部门先后举办95次专家座谈会、咨询会和审查会，与会专家近6000人次，其中中国科学院、中国工程院院士30人110多人次。参与论证的专家学者，包括水利、农业、地质、环保、生态、工业、工程、经济等各学科、各专业人才，有力地保证了南水北调工程总体规划的质量。

中线丹江口库区移民搬迁车队

南阳崔培林移民小学

各级人大代表、政协委员也对南水北调工程提出了大量的提案、建议。据不完全统计，仅在2001年，南水北调工程规划设计管理部门就收到了23件有关南水北调的全国人大代表和全国政协委员的提案和建议，其中22件都是要求尽快实施南水北调工程。

发扬技术民主，听取各方意见，吸收合理建议，最大限度地集中各行各业的智慧，是南水北调工程规划的成功关键。《南水北调工程总体规划》的问世，彰显着实事求是、一丝不苟的科学精神。可以说，南水

丹江口库区移民新村

北调这曲“水调歌头”的历史之歌，源自中华民族智慧的涌流迸发，是社会各界心血与汗水凝聚而成的结晶。

2014 年 12 月 12 日，南水北调中线工程正式通水。盛世治水，治水兴邦。我们相信，随着滚滚东流的长江之水向北奔流，实现长江与长城相遇，长江与黄河相拥。南水北调将同长江、黄河等母亲河一道，在未来的历史长河中继续哺育着中华儿女在华夏大地上生生不息，承载着中华民族伟大复兴的“中国梦”奋勇向前。

盾构组装调试

正在内部衬砌的穿黄隧洞

中线京石段漕河渡槽工程

延伸阅读1：南水北调的指导思想和近中远期目标

南水北调工程是解决我国北方水资源严重短缺问题的特大型基础设施项目，建设的目的是通过跨流域的水资源合理配置，保障经济、社会与人口、资源、环境的协调发展。

近期目标：基本缓解黄淮海平原和胶东地区城市严重缺水状况。工程的供水目标以城市供水为主，兼顾农业和生态用水，有效控制地下水超采和保护水资源，初步建立节水防污型城市，基本遏制因缺水引起的生态环境恶化趋势。

中期目标：基本缓解黄河上中游和河西走廊等重点地区的严重缺水状况，基本遏制因缺水引起的生态环境恶化的趋势。在黄淮海平原和胶东地区，进一步提高城市供水保证率，初步建立节水防污型社会，生态环境得到明显改善。

远期目标：基本实现黄淮海流域和西北内陆河地区的水资源的承载能力与经济社会可持续发展相适应，生活、生产和生态的缺水问题基本解决，全面建立节水防污型社会。

正在建设中的丹江口大坝加高工程

延伸阅读2：南水北调的五项基本原则

三先三后：严格遵守“先节水后调水，先治污后通水，先环保后用水”的“三先三后”原则。首先进一步加大节水力度，防治水污染，加强污水资源化，在此基础上确定调水规模，避免大调水、大浪费、大污染。重点是加强东线调水沿线水污染治理和中线水源地丹江口库区及上游水源保护，保证调水水质。

适度偏紧：根据受水区城市水资源规划分析的城市缺水量、地方经济承受能力和供水区保持生态平衡前提下的水资源调剂能力，考虑加强节水、促进治污、提高水的利用效率，规划时适度控制调水规模。

南北双赢：南水北调工程既考虑满足北方受水区用水需求，又考虑南方调水区社会、经济可持续发展，例如中线在工程建设项目上充分考虑了丹江口库区移民的合理安置、汉江中下游的治理，东线充分结合了江苏省的工程建设和水源调整等，做到南北互利双赢。

循序渐进：考虑到受水区需水量增长和节水、治污及配套工程建设等都将有一个过程，对生态、环境的影响也需要时间观察，为避免投资积压和最大限度地发挥工程效益，南水北调工程采取了统一规划、分期建设的工程建设方案，循序渐进，规避风险。

市场经济：遵循水资源的自然规律和价值规律，根据水的自然属性和商品属性以及水市场的“准市场”特点，研究工程建设投资筹措方案和工程的建设管理体制和运营机制，以及建立适应社会主义市场经济体制要求的水价形成机制，为工程的顺利建设和良性运行创造条件。

淮安水利枢纽

自主研发的机械化衬砌设备

宿迁污水处理厂

为了城市的春天

——亲历新中国城市规划与建设

周干峙 口述　潘飞 整理

编者按：当前，中国正处于城市建设和城市化不断深入的进程之中，城市及其发展已经并正在给中国社会带来全面而深刻的时代变迁，也引发了人们对于新中国城市建设历程的探寻。60多年来，两院院士、建设部原副部长周干峙以技术专家和管理者的身份，亲历、见证了新中国几乎所有重要的城市建设和重大城市规划项目。现在，就让我们跟随周院士走进那段岁月，共同见证新中国的城市发展之路。

1949年5月，我还在清华大学建筑系读书。当时北平刚解放不久，就成立了城市规划的机构——都市计划委员会，也叫“都委会”，比新中国成立的时间还早。“都委会”负责新中国成立后首都的建设规划，这也可以说是新中国最早的城市规划机构。实际上，那时根本还没有宣布未来中国的首都会定在哪里，但是我们都感觉到应该会是北平。为什么？一开始就搞北平都市计划，而且马上要考虑中央所在地在哪里，领

两院院士、建设部原副部长周干峙

导人住在哪里，就从这里感觉到北平的特殊地位。

都市计划委员会——新中国第一个城市规划机构

后来，在第一届全国政协会议上，果然确定了北平作为首都，我们也很快就知道了。我们学生怎么会知道呢？是因为我们的老师梁思成他们知道。关于首都的选址、规划、建设等问题，中央领导人要征求他们的意见，他们听后很受鼓舞，一回来就告诉了我们，我们听后也很兴奋。所以我觉得，我们的城市建设工作，从一开始就得到了很高的重视。

北平解放后的城市建设，第一件事情干什么？很有意思，梁思成先生跟我们讲，是清除城墙周围的垃圾。这是因为过去没有人管房子，没有人管马路，没有人管扫垃圾，老百姓把垃圾都堆到城墙边，越堆越高，整个成了垃圾山。所以，解放军一进城，第一件事情是先把垃圾清扫干净，人才可以进出。这个问题不解决，什么修路、盖楼、通水通电，统统不要想。

以苏联为榜样——新中国最初的城市建设思路

北平还没有解放前，我们还在学校里读书，但已经知道当时世界上有两种主要的制度：一种叫社会主义制度，一种叫资本主义制度。实际上，当时我之所以选择北上读书，就是觉得那里的气氛比南方更自由、更民主。北平解放以后，全国大局已定，我们学建筑的知道会参与到建设新城市的重要任务当中去，都很兴奋，因为这个行业以前需求很少，现在被提到这么重要的位置上，在解放以前是不可想象的。

当时，我们从专业上、政治上，都向往苏联，苏联是老大哥嘛，因此就是要学苏联，学习苏联的建设经验，实现社会主义、共产主义的伟大目标。那个时候，我们从书本上知道，世界上有两种城市：一种叫社会主义城市，是有计划发展的，全部都是为老百姓服务的；一种是英美式的，那个时候叫帝国主义的城市，是为少数人服务的，所以才会出现贫困等城市问题，而这些问题他们是不可能解决的，也解决不了的。

所以说，在新中国的城市建设思考中，我们一开始就碰到一个新方向的选择问题，也就是探索新的社会主义建设道路的问题，虽然对社会主义道路具体怎么走有不同看法，但有一点是很明确的，那就是向苏联学习，以苏联作为榜样，而绝不以伦敦、纽约、华盛顿为榜样。因此，用我们建筑专业的行话来说，坚持社会主义是一根“红线”，不能走资本主义的道路，要走社会主义的道路，这一点在理论上、原则上都已经十分明确。

然而，虽然向苏联学习开展社会主义国家建设这条路已经非常明确了，但是对于在共产主义、社会主义这个大方向下面，落实到具体城市建设中该怎么去办，当时大家对这一点的认识还不那么清楚和具体。那个时候，由于我们老师这一辈大都是留学英美的，最早接触和熟悉的都是关于西方国家城市建设的那一套，像伦敦规划、巴黎规划等。我们作为建筑专业的学生，从学校和老师那里听到、看到的主要也是这些。因此，对于究竟什么样的是社会主义，什么样的是社会主义城市，谁也说不清楚。但是，这并不影响大家探索社会主义新城市建设的热情和决心。

“九六之争”——找一条我们自己的长远发展道路

要走社会主义城市建设的这条路，具体怎么做？第一个是标准问题。那时，我们虽然可以看到很多国外的规划图，但看不到细节，例如它根据多大的定位、目标等，来规划城市。这些具体的、细致的东西，人家如果不告诉你，我们也不知道。

新中国刚成立的时候，苏联还没有大规模派城市规划方面的专家来华，因此我们最开始向苏联的学习，主要是找一些他们的理论性文章跟报道来看。从这些内容里，我们知道苏联在城市规划和建设方面的一些原则是非常好的。例如，他们提出城市要为全民服务，而不是为某一部分人服务，而且从一开始就注重解决贫民窟和贫富不均的问题。受到他们的启发，我们也开始进行改造城市贫民区的实践。记得北平刚解放那会儿，天桥有一个贫民区，当时我们学生社会实践就是到这个贫民区去调查。回来以后，系里面就开始布置任务，围绕怎么改造这个区域来做规划。

人民大会堂（版画）

还有就是城市居民的住房建设规划。房子盖得好还是不好？要通过实践来检验。其实那时候我们对这一点也没有什么经验，就是知道社会主义要为全民服务。首先树立一个概念，就是人人要有房子住，而且每人的房子要达到一定的标准，很具体，这也是向苏联取的经。当时我们从苏联的经验中，知道他们的住房规划里对每个人的居住面积有一个最低标准，不能低于它，不然就不符合社会主义原则。

这个标准是多少呢？人均居住面积9平方米，这指的是套内使用面积，是纯面积。这个标准据说是列宁批示的。为什么是9平方米？据说当时苏联在搞规划的时候，最开始围绕这个标准也发生了很多争论，后来请建筑专家跟医学专家合作，大家一起商量，看从身体健康的角度，到底一个人至少需要多少居住面积才够。最后大家分析讨论的结果，认为3米高、3米宽、3米长，也就是9平方米的平面面积、27立方米的空间体积是人最基本的需要。苏联医学家认为，按照一个人最低的呼吸要求，特别是在冬天，关上门窗后最少需要27立方米的空气才够，所以至少要这么大的居住空间，才符合居住卫生的需要。当时在苏联，这

新中国成立初期的北京西交民巷大街

个标准非常关键，直接标志着你是社会主义还是非社会主义。

但是，当时中国是不可能达到这个标准的，因为没有那么多钱。那个时候，全国基本建设的投入也不过就是100多个亿，用到城市建设上的，大概也就是3亿~4亿。以首都北京为例，我们当时的调查结果显示：人均居住面积还不到4.5平方米，和苏联整整差一倍多。这么大的差距，你怎么一步到位学苏联呢？而且，当时的实际情况是处处要钱，除了盖房子，还要解决喝水、解决交通、解决修路……哪一样不需要钱？因此，当时在我们规划行业里头，围绕这一点马上出现了争论，就是究竟要不要照搬苏联？那时候，这算得上是我们这些搞规划的碰见的第一个真正有挑战性的问题。记得当时有人提出反对意见，说苏联人冬天习惯关窗户，而中国人习惯经常开窗，而且中国南方和北方情况也不一样，所以我们不需要9平方米那么多。当然，最根本的原因，还是钱的问题，国家财政上没有那么多钱嘛。后来，大家普遍认为9平方米意味着要翻一番，一下子肯定做不到，只能一步一步来，不能一口吃成个胖子。就这样，我们从中间取了一个标准，既不照搬苏联，也比现状要高，也就是人均居住面积达到 6 平方米。这样一来，就可以省下很多钱。这件事，我们管它叫“九六之争”。

据我了解，现在我们的人均居住面积恐怕已经超过了 9 平方米，但是在当时，应该说 6 平方米的人均居住面积已经是一个了不起的成就。在这之前的中国历史上，没有听说哪个政府专款搞城市建设的，没有哪一个政府说给老百姓盖房子要达到一定标准才行的，根本没这个概念，只有在新中国，我们才做到了这一点。

从“九六之争”这件事开始到现在，在我们这个行业里头，争论总是不断，形式之争、标准之争、新旧之争……不是这个问题就是那个问题，可以说已经成为我们行业的一个特点。我想这至少可以说明两点：第一，我们的城市规划，从一开始就跟新中国发展的大方向，跟新中国的大局、全局，是分不开的。第二，我们的城市规划，从一开始就在努力探索怎么适应中国社会发展，怎么走一条有中国特色的城市发展道路。实际上，这个问题一直到现在都存在，只不过在不同时期和阶段，重点不一样，主题不一样而已。

“156 项”工程——新中国城市建设的第一个春天

在我的印象里，新中国城市规划和建设迎来的第一个春天，是伴随第一个五年计划的实施而诞生的。当时城市建设的主要任务，就是配合“一五”计划，而其中的核心问题之一，就是研究搞好由苏联援建的 156 个重点工业项目。当时，新中国刚成立不久，百废俱兴。在头三年的国民经济恢复期里，中央就开始酝酿“一五”计划，其中的主要任务就是 156 项工程，由政务院财政经济委员会（“中财委”）负责筹划，陈云是当时中财委的主任。

苏联援助的项目是陆续增加的，从 1952 年的 50 项，增加到 1953 年的 141 项，最后到 1954 年增加到这 156 个工业大项，包括炼钢、炼油、军工，等等。项目名单经过各级到中央的层层论证，最后才下决心确定并和苏联签订了协定。当时，工业建设的重要性是放在最前面的，中央提出一定要保证工业建设。所以，城市规划就被提上议事日程，因为要配合工业建设：项目如何布局？放在哪里？如何建？需要多少工人？于是，我们就要考虑工厂选址、计算需要盖多少房子、要修多少楼、要用多少水……要把这个事情搞上去，生产才可以搞，这就叫配合工业建设。所以，1951 年，中财委会成立了城市规划处；1952 年 8 月，中央专门成立建筑工程部（“建工部”），也就是后来的建设部，初衷就是为了配合“一五”计划，迎接重点城市的规划和建设工作。当然，那时城市建设还谈不上配合经济建设，更谈不上配合农业建设的问题。

那么这 156 项工程怎么布局、怎么摆呢？这就是接下来的头等大

努力完成第一个五年建设计划邮票

事。围绕156项工程，经过反复研究，确定了初步方案，除东北以外，主要在京广线以西布局，并确定了包头、西安、兰州、洛阳、太原、大同、武汉、成都八个重点建设城市。在这件事上，我们新中国的确非常了不起，我们真正开始全盘、全局地考虑问题，开始大规模地按计划、按规划来办，虽然当时我们没有经验，基础也差，但做到了有序不紊。把这156项摆好，这是我们社会主义建设第一件大事情，有了这个，慢慢地才可以带动经济发展、带动人才培养。

1953年二三月间春天将至的时候，“中财委”派出工作组到西北选厂，研究摆哪些项目和怎么摆的问题。当时我刚从清华毕业不久，被调到建工部城建局规划处，马上就跟着工作组专家去西北，到包头、西安、兰州、银川等地方出差，参加工厂选址和城市规划工作。当时工作组带队的是二机部副部长万毅中将，同行的还有中财委管建设的杨放之、蓝田，建工部城建局局长孙敬文、规划处处长史克宁、翻译刘达容，以及何瑞华和我两个年轻的技术人员。同行的苏联专家是1951年来华的亚历山大·穆欣，当时他已经快60岁了，任城市规划顾问组组长，他的意见很有权威性，我们也很尊重他。

我出差去的第一个地方是包头。156项里有包头钢铁厂项目，因为在包头西边的山沟里头发现了铁矿。当时，包头荒凉到什么程度？难以想象。小小一个包头城，一出去满眼全部都是荒滩，我跟着大家骑马去昆河，也就是现在包钢附近，昆河边上除了几户牧民以外，放眼望去一片空旷。路上问一个牧民到那里有多远，他回答说“一鞭之地”，意思是骑上马抽一鞭子，跑完那么远的距离就是。你再去看看现在的包头，已经不可同日而语了。那个时候我们去兰州、银川、西安，先坐专机从北京直飞兰州，等到从兰州再往西北走，不要讲铁路了，连公路也很不完整，最后只能派军队，用军用吉普车把我们送去。我记得当时到了银川，一出城就是沙丘挨着沙丘，简直是荒芜不堪，那么你看后来那里的变化有多大。

当时国家真的是一穷二白，连一份像样的地图都难得找到。“一鞭之地”这件事还说明一点，就是没有路程、距离这个概念。所以我刚到建工部报到，准备去西部出差前的第一个任务就是找地图。记得我先去的是总参一个测绘局，接待我的人都戴着口罩，为了保密。那时还没有中国自己测绘的比较详细的全国地图，给我的还是当年日本侵华时画的军用地图，五万分之一的。但是，日本人测绘的西北地区的地图还是粗得不得了，但有总比没有强啊。地图的准确性对我们干这行的来说太重要了，地图标得不准，按照地图作出的规划位置和实际情况对不上，那就糟糕了。所以，还得我们自己到实地一个个地核对，对照地形地貌，了解村庄、平地的大小、了解河川山头的走向，研究怎么布局，并当场勾画草图记录下来。这样经过几次考察，基本确定各个地方的项目类型和数量，比如兰州主要发展石油工业，西安主要安排机械工业。就是在这种条件下，中国人是一点一点把西北的基础打下去的，很不容易。

布局选址问题解决以后，紧接着就要考虑具体的城市总体规划，落实项目位置。当时苏联专家提出，要搞建设，城市规划非常重要，那么多建设项目，首先要做的就是编制城市总体规划。中央也强调要集中力量，抓紧拟定城市总体规划草案。于是，由建工部负责从全国各地抽调人员，组建城市规划队伍。同时，由于人手有限等原因，上面这八个城市不可能同时组建自己的规划队伍，那么它们的城市总体规划就全部由建工部派规划组去帮助编制。事实证明，当时苏联专家的建议和中央的决策是非常正确的。

156 项工程在这八个重点城市摆下去，那么这些城市的规划怎么做？

首先当然是要有远景规划，但光有远景不行，当前问题也非常重要。比如说城市中的工厂和住宅的选址，不能乱盖，起码要考虑到上风和下风问题，工厂要建在上风方向，不能让工厂的烟尘排到住宅区里头去。还有涉及工厂与工厂之间的合理配置，不能乱摆，这个工厂跟那个工厂在生产上有关联的，你要尽量给它摆到一块去。再比如，需要多少施工人员，怎么安顿，怎么解决他们的居住、饮水问题，等等，所以一定要把当前建设项目安排细致、安排具体。此外，工业发展了，城市也要跟着发展。将来工人要住在城市里，包括他们的家属在内，住房和基础配套设施这一套怎么安排，按照什么标准来做，也就是说，城市要满足生产的要求，还要满足老百姓的现实生活的要求，甚至还要考虑到下一代的需求，这些都必须考虑好。整个规划就是这么一步一步地做下去，不知反复了多少次。最后，等八个重点城市的规划图都出来了，就向国务院汇报，由国务院最高专家组和专家顾问团审核，通过以后，才谈得上"马路怎么修、自来水厂怎么盖"这些更具体、更细节的问题。可以说，这个过程很不容易，很了不起。

应当讲，在开展 156 项工程的过程中，苏联专家起了不少作用。因为我们当时缺乏建设经验，不懂、没搞过，各行各业都要向苏联学习，不少技术问题，我们无法自己解决，需要请苏联专家来指导。一开始，包括西安十几个工厂在内，怎么摆法，大框框是通过苏联专家定的，我们不可能全摆。所以实事求是地讲，第一个五年计划的安排，不完全是中国人靠自己力量办成的，但是我们已经介入进去了。

对于我个人而言，参与 156 项工程规划是一个难得的机遇。当时我们请苏联专家来帮忙，苏联专家也在选择中国人，他们明确提出，要找懂行的人来。那个时候能看图、画图的人不多，我在学校业务基础比较好，不用尺子可以描地图、画建筑图，这是我们的基本功，因为有时候跟业主谈判，当场很快就要勾出来的，不能老用尺子。所以，一张图一画，水平怎么样，懂行还是不懂行，内行人一看就明白了。苏联专家选中了我们，严格要求我们，当然我们也就有机会向他们学到很多经验。刚刚开始安排156项工程的时候，来的苏联专家都是最顶级的那一批，年龄大多在50岁以上，包括建筑在内各种专业都有，不少还是苏联科学院院士，像穆欣，在国际上也很有名的。记得当时穆欣曾反复叮嘱我们："搞规划，每公顷土地要去20次。"在后来几十年的规划工作中，我始终没有忘记这句话，搞规划不能光坐在办公室里盯着图纸看，而是要到现场去，只有深入调查，因地制宜，才能作出科学合理的规划。还有，当时在西安，我才初出茅庐，就被选中具体负责规划总图的编制，这可是156项里最重要的城市之一，十几个大项。我感觉除了当时自己被认为建筑学基本功比较扎实、理解能力比较好之外，党员身份也是很重要的一点。由于当时大部分都是军工类项目的特点，加上战争刚刚结束等政治环境，保密制度十分严格，只有党员才可以接触到机密的东西啊。西安规划后来是作为正面经验宣传的，里面的故事太多，启发、影响过我的人也太多，像吴良镛先生、莫宗江先生，等等，没有办法细讲，只能这么说，初学的东西，我一辈子也忘不了。

那时，苏联专家们带来的一套专业性的东西，一套完整的规划指标体系，既带动了我们的发展，也引起了一些争论。这里有一个兰州炼油厂的例子，当时这是156项重点项目中的一个。起初，在苏联专家的设计中，厂房周围有一圈警卫用地，不让人靠近，所以工厂墙外头要留出一条几百米宽的人造沙滩带。为什么要沙滩？安全保卫的需要，人走进去有脚印啊，抹也抹不平。我们开始也想学这个，但是有些人马上发现这个做法完全行不通。苏联人口稀少，荒漠很多，而中国情况不一样，尤其是在黄河边上的兰州，土地宝贵得不得了，哪能这么做。另一派观点则认为，要学就学到底，就都按苏联的办。当然最后我们还是从自己的实际情况出发，没有照搬苏联，苏联专家最后也同意了。在这些过程中，这样的争论还有不少。例如，按苏联的标准要盖5万平方米的房子，但我们盖不了这么大的，这里不仅是钱的问题，土地、空间都不够，水、交通等问题也不好解决，于是我们就盖小一点、紧凑一点。

“一五”计划和156项的成功实施，为新中国日后的城市建设打下了重要的基础，也成为我们城市规划的第一个春天。在这一过程中，城市科学的观念逐渐被引入了中国，我们逐渐认识到城市规划不是一个简单的内容，而是一个多方面复杂综合的东西。我们要向苏联学习，不学苏联不可能，但必须要结合中国的国情，要有中国的特色，这就是那时候我们在学习、摸索跟磨合中得出的经验。总之，从那个时候起，我们更加明确，下决心要探索出一条有中国特色的城市建设道路，因为学西方不行，完全跟着苏联走也不行，所以形势迫使你一定要走有自己特色的道路。我觉得，这对我们来说既是困难，也是优势。正因为如此，我们才取得了自己的经验，这些经验的取得不容易，只有做过的人才有体会。

“大庆道路”的尝试——用最经济的方法建设城市

在探索中国特色的城市建设道路上，“大庆方式”是一个尝试。当时，由于大庆油矿比较分散，所以要集中盖房子是不行的，而是在打油井的地方盖房子给采油工人住。因为打一口油井不是两三年的问题，而是至少需要五六年，甚至七年八年都有。大庆的工人都是兰州的炼油工人去的，像王进喜他们，大都带着家眷，家眷去了以后住在哪儿？就在油井边上住啊，所以就出现了“大庆道路”。当时全国学大庆，一个是精神方面的，指艰苦奋斗；一个是城市建设方面的，就是指“大庆道路”。“大庆道路”的特点是工农结合、城乡结合，一个个住人的工棚满地都是，当时我们都到他们的工棚里去住过、体会过。大庆方式否定了当时要在大庆搞一个中心城市的设想，也成为当时全国学大庆的一条标准。

大庆人人拉肩扛运钻机

“大庆道路”的特点，一是城市服务于工业，二是用最经济的办法来解决问题。因为工人生活、工作之间就是几步路，下井操作、回来休息都方便。所以当时“大庆道路”红极一时，在全国推广。但是马上有人发现，大庆可以这样，可到了南方、到了广州，哪能这样呢，还得结合当地的实际。当然，这种推广并不是要求你跟大庆一样，也那么分散，但是工农结合、城乡结合的大方向没错，就是说不要光发展城市，还要把农村人也带过来，就这样形成了当时的一个潮流，一个政策倾向。

从当时来说，大庆道路有它的必然性，等到过一阵行不通了，又发生改变。这种改变，受政治因素影响很大，当然也脱不开经济基础和经济条件的变化和对这些变化的估计，像建国之初的“九六之争”、旧城改造利用，等等，都是这样的例子。比方说，最初觉得经济情况不行，所以马上就把比较激进一方的意见压下去了；过了几年，经济情况好转了，觉得又有希望了，比较激进这一方的意见又起来了，这样的例子很多。有的估计乐观，就想搞大、搞快，所以慢跟快的争论、集中跟分散的争论、大城市跟小城市的争论，那个时候就开始了，反反复复，始终没有间断。这些反复发生在我们的城市建设中，反映出从新中国成立到改革开放前的30年里，对于究竟怎么走出一条自己的道路，我们一直在努力地探索，也看到了长远发展的必要性。但是，对于什么才是我们长远的发展道路，总体来说经验还是不够。

震后唐山新貌

废墟上的重建——唐山、天津

1976年，唐山突发大地震。震后第二天，接上级指令，由曹洪涛（时任国家建委城市规划局局长）和我带队赶赴唐山组织震后重建规划工作。当时我是中国城市规划设计研究院院长，于是带领院里十多个人组成规划组，直奔唐山，支援震后恢复建设规划工作。

当时的唐山，余震不断，满大街都摆放着包裹好的罹难者遗体等待运走，环保人员在一遍遍地喷洒消毒水，真是满目疮痍，触目惊心。当时唐山二三十万的灾民没有地方住，我们也找不到地方住，就在唐山飞机场搭了个帐篷，在里面加紧制订唐山的救灾规划。由于震后忙乱，规划资料找不齐，所幸最后好不容易找了一张几乎要被扔掉的很皱的图纸，反复弄平整后还能用上，这才解决了燃眉之急。为了疏散震区中心密集人口，最后选定唐山北面的丰润县为唐山新市区。经过半年多的工作，我们完成了唐山新市区总体规划，并报经国务院批准实施建设。又经过 30 多年的努力，唐山这座北方重要城市终于重获新生。

唐山之后，紧接着就是天津的重建。唐山重建规划基本完成后，我接到国家建委命令，负责抽调全国 40 余名规划人员开展天津震后重建规划。到了天津，我们才发现天津的情况也很严峻，经济损失甚至超过唐山。因此，工作组开赴天津后，要干的头等大事就是把救灾规划需要的资金算出来。我还记得当时跟天津市规划局的办公室主任在一号宾馆里整天画图、算账。经过规划，最后算出来包括天津的基础设施、房屋建设等重建项目在内，这笔钱总共大概要 24.6 亿元，每年投入 8.2 亿元左右，分三年完成。规划方案和资金方案报国家批准后，我就被留在了天津担任规划局局长，具体实施天津震后重建规划，就这样前后待了三年，算是为天津震后建设作了一点儿贡献。

深圳经验——第二个春天中绽放的城市之花

改革开放伊始，中国的城市规划和建设迎来了第二个春天。20 世纪 80 年代，我在国家建委的主要工作就是帮深圳搞规划。1980 年，中央批准在深圳设立经济特区，国家建委决定派一个“五人小组”支援深圳的规划建设，我也是“五人小组”的成员之一。那时，我刚刚结束在天津、唐山的震后重建规划，当时的国家建委主任谷牧就立即派我去深圳参与主持特区规划工作。深圳是一个典型的由政策引导而发展起来的新兴城市，虽然当时已经升级为省辖市，但是要由原来一个不到一万人的边陲落后小县城，在短短的时间内，几乎从零开始，发展成为改革开放的明星城市，其中还是有不少重要经验的。

深圳东门老街老照片

首先，在深圳的城市建设中，始终坚持了以规划为龙头的原则。在首先进行的人口规划中，记得当时谷牧找人研究后，最初确定深圳70万人口的规模。后来我从规划专业的角度一算，发现70万的规模太小，对于深圳这样即将快速发展的口岸城市，完全可以增加到100万人，再将流动人口和交通因素考虑进去，人口规模可以做成一个滚动式、富有弹性的“活的概念”。就这样，当我按120万人规划、160万人可延展画出规划图后，没人反对。确定了人口规模后，我们又利用深圳地形狭长、河道分隔的特点，结合自然山川，依山就势，从东到西，依次布置了沙头角—盐田、罗湖—上步、福田—华侨城、南头—蛇口等五个组团，内设18个特大加工业区。直到今天，深圳沿袭的还是这样一种城市空间的布局。这种带状组团式布局的城市结构，既便于调节，可按不同组团确定不同开发次序重点，又可在组团内部分期分片集中开发，做到规划一片、开发一片、成功一片。

同时，规划还预留了地铁、机场、火车站的位置，为深圳日后的城市交通建设和城市发展预留了空间、节约了成本。

还有更加重要的一条，就是专业人员与行政领导通力合作。我甚至认为，这是深圳经验中最重要的一条。当时，行政领导、行政人员跟专家学者、专业人员密切结合，相互尊重，事无巨细共同商量，整个规划是大家一笔一画地深入探讨、设计出来的。像梁湘、周鼎、罗昌仁……当时这些深圳的市长、书记、主管规划的副市长们，大家共同讨论甚至争论问题：你说得对，就按照你说的办，你说得不对，我还有别的想法，你看看怎么样，相互间根本不像上下级的关系。有几件事我印象很深。比如，当年深圳大致的布局确定后，有很多单位来占地方，深南大道市中心南侧的地皮很快被分出去了。因为这块地很重要，又没有作详细规划，所以我就向市政府领导提意见，说这块地不能马上划出去。最后，还是市长亲自出面，拿回这块地重新规划。还有一次，当深圳大的区县规划确定后，首先要修的是一条老城往西的道路，可是当时许多人觉得应该先修贯穿深圳市区的深南大道。我认为这样并不合适，因为修深南大道是“牵一发而动全身”的事，在整体规划还不充分的情况下，这么做有可能与将来深圳的总体规划发生矛盾。最后，市政府采纳了我的意见。“深圳市中心”也是这样的例子，当时“市中心”的建筑设计在国内开了国际招标的先河。最终，在许多海内外的投标方案中，深圳市政府选中了一位美籍华裔设计师的方案，没有建高楼，而是将市政府放在了“市中心”的边上。可以说，当时全国唯有这个市中心，是市政府接纳了规划人员的意见，叫“市民中心”。当时，在深圳的规划建设中，专家与官员良好配合、通力协作的例子太多了，规划人员提出的意见，几乎都得到了市政府的支持。我也因此难以脱身，有工作需要我就去，结果在那里几乎参与了每一栋主要建筑、每一条主要马路的修建，这样一晃就是四五年。

到今天我还是感觉深圳规划是一个好例子。用现在的眼光看，深圳规划也并不落后，世界上还没有一个城市像深圳这样一次规划上百万人口，按规划建出来，而且建得如此完整、如此合乎功能，这可以算得上是中国人自己做的城市规划和建设的一个成功范例。后来，深圳规划还获得国家科技进步一等奖（这也是新中国成立以来第一个总体规划一等奖），以及国际建筑师协会阿勃克朗培（Abercrownbay）奖，深圳也因此成为世界少有、亚洲唯一获得这个奖项的城市。所以必须这么讲，深圳这个好例子是专业部门与行政部门密切合作的结果，凝结了大家的智慧，解决了新的问题，积累了新的经验，也幸亏这样，大家的功夫没有白费，不然没有深圳的今天。

中国的城市化——出现与出路

随着改革开放的到来，城市化概念开始在中国出现。其实，城市化并不是一个新词，如果我没有记错的话，城市化这个说法最早是19世纪晚期由一位德国地理学者提出的，他认为，随着工业化时期的到来，城市人口比例就会相应增大，因此人类社会的发展都要走向往城市集中这样一种趋势，出现城市化的现象。

城市化这个概念进入我们规划学界，则是在20世纪70年代末、80年代初，在中国城市规划学会在南京第一次召开的专题讨论会上，由中国的地理学者介绍给我们的。从他们那里我们才知道，现在世界上有一个城市化的方向和趋势，而且这个趋势有它自己的一种普遍规律。前不久，我去清华大学开会，遇到了经济地理学家胡序威教授，还一道回忆起当时在会上讨论城市化的情形。记得在南京会议时，当我们知道国外

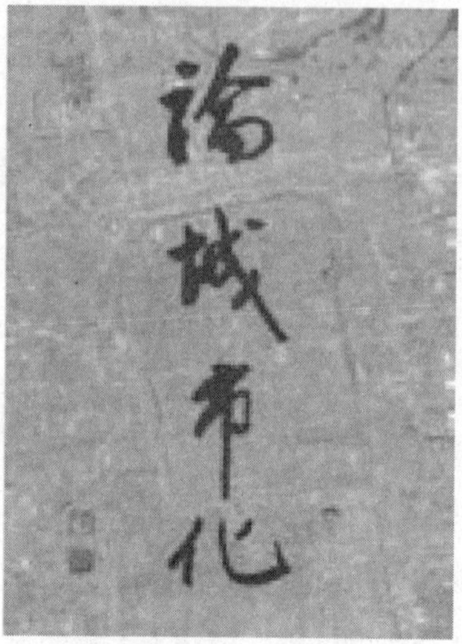

周干峙著作《论城市化》

有城市化这么一个新情况以后，就一块儿开会讨论研究这个问题，很快意识到它的重要性。于是，会议主持人也是当时建设部城市规划建设局的一位老局长，马上组织我们起草了一个报告，大家签名后直接送到国家计委，提出了城市化的必要性和必然性，因此要重视中国城市化的发展，还提出城市建设要在基本建设里面占一定的比例关系等。但是，当时城市化问题并没有引起有关领导部门和社会的重视，这个报告出去以后，长期没有下文，一直到十年以后，国家计委的文件里头才有了“城镇化”三个字。

叫城市化也好，城镇化也好，城市建设也好，在新中国前 30 年它都不是国家的首要建设目标，而是属于配套建设。到 80 年代末，随着改革开放和社会发展的深入，国内城市的发展越来越快，城市化才终于被认定为工业化的必然结果和社会经济发展的进步方向。特别是近几年，人们认识到我国的城市发展已经滞后于经济发展，城市人口比重偏低，不仅影响了工业化和信息化的进程，甚至影响了拉动消费，很不利于市场经济的进一步发展。现在，随着社会经济发展，全国城市化率已超过 50%，速度很快。所以，我认为现在是一个好的现象，和以前比思想不是那么拘束了，而是越来越开放了，谈城市化的面也扩大了，更宽了。中国城市化的问题提出了 30 多年，但是像今天这么去深入探讨的，历史上还没有。

总的来讲，大家都在说城市化，但是这个城市化究竟怎么搞，你说你的、他说他的，不完全一样。对城市化的认识和理解，我认为首要的关键是不能离开改革开放的大局，只有用改革开放这个总思想，统领各方面的工作。换句话说，不懂得改革开放总的指导思想，不从全局上去理解，离开了改革开放这个宏观的形势和局面，那么不管城市化也好，城市规划也好，都是搞不好的。

还有很重要的一点，那就是中国的城市化要立足于中国的国情，城市化要反映中国的特色。理解了这两点，我们就不会盲目"求快、求大、求洋"，就不会只是把楼盖得高、盖得气派，把路修得宽，把城市人口增加得多叫作城市化，而是会科学、理性地关注城市化的实质性内容，会在城市建设中"求稳、求全、求文"，也就是会稳步积极，全面周全，体现城市文化特色。

比如，前不久我看到报纸上讲长沙要盖世界第一高楼，要超过迪拜，国内另一个地方马上就说要超过长沙。实际上，现在要盖高楼，要争世界第一，从技术上来讲，那并不难。关键是为什么这么搞，是为了社会、为了国家，还是为了个人要搞出名、搞出利，还有这么搞是不是合乎中国的实际，这才是问题。

再有，关于城乡统筹发展的问题，我们也应当从中国的国情出发，从全局上考虑。比如要认识到中国目前还是一个农业国家，与欧美相比，我国农业人口比重要大得多，小块农地也多，因此当前非常重要的

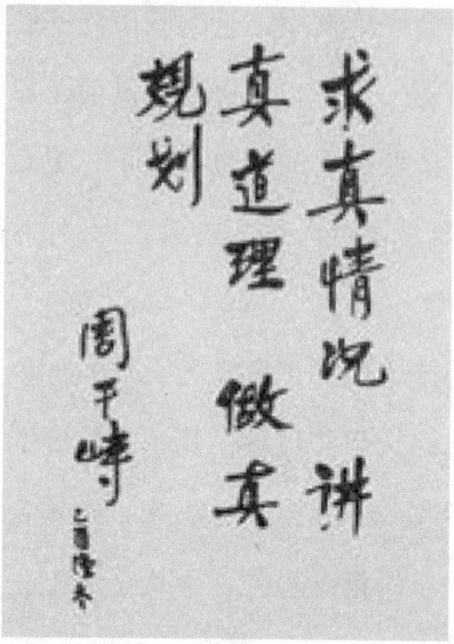

周干峙题词

一点，是农民和农村。我们要不断地改进城市化发展的思路，城乡要互相交融、缩小差距、互相提高，城乡之间要有一个自然而然的合理的比例关系，离开农村的城市化，怎么行呢？所以，城市的发展不仅不能透支农民的长远利益，而且还要带动农村、农民的经济、生活水平的提高。农村要有现代化的生活便利，要有自来水、要修好路、孩子要有地方就近上学、老人生病要有地方看医生、要解决好进城农民的生活问题……有了这些基本保障，农民才有机会共享城市化的成果，这才叫作农村的现代化、农村本身的城市化，而这也应该是我们城市化将来的一个目标。

还有，对城市化的看法要科学、理性、全面、系统，不应该去追逐、攀比表面上的城市化率的数字提高。城市化有它自身内在的规律性，而不是一个简单的指标和比例的问题，它更多地反映了一种社会发展的方向和趋势。不同指标背后可以有完全不同的城市化，同一个比例的城市化，从城市化率上讲或许是相等的，但从经济、社会发展水平上来讲，可能是完全不相等。比如在南美有不少地方，城市化比例很高，70%、80%的都有，但是经济非常落后，那么这么高的城市化率有什么意义呢？对中国来说，各个地方的自然条件、社会、经济发展本身就很不平衡，各地城乡布局结构也不一样，所以城市化的内涵、标准自然也不一样。记得有一个经济学家曾经在地图上从东北到西藏画了一个斜线，以这个斜线为界，东南部分是地狭人密地区，西北是地广人稀地区。这根斜线说明了什么问题？这是地区之间客观存在的差异性，是大自然活动的结果，不是人为消灭得了的。所以，中国的城市化，首先就要考虑到地区之间的差异，不可能简单划一地来要求。

城市化中的科学决策问题，这一点现在看起来尤为重要。从我的经验来看，要做到科学决策，不是说要完全听专家的，而是专家和行政各方要良好结合，大家在一起共同论证，用科学的观点来得出结论，谁对就听谁的，而不是唯权威、唯长官意志。有了各方的良好结合，有了科学的观点，我们看问题就不会偏激。比如，用这样的观点，我们就既不会完全否定房地产对城市化和经济的贡献，也能清醒地认识到土地经济的确是一个非常大的弊病，是不可持续的。所以，我们什么时候都不要丢掉“科学”两个字。

说到底，城市化的话题真的是特别值得讨论，对它必须要有一个综合、长远、深远的理解，而不是一个狭隘、短视、表面的看法。不能一条、两条，简单孤立地去看待城市化，而要从改革开放的全局上去理解。我们对城市化的认识还有很多地方需要改变，历史地看，城市化的内涵和重点是动态的，这一点非常重要。绝不是说城市化是一个指标，它是活的、综合的、一步步来的。“城市化”和“城市”发展并不存在什么边界，也不可能有统一标准。我们规划界有一句话——我们唯一能确定的就是未来发展的不确定性。文明不断发展，科技、社会、经济不断发展，水平不断提高，城市和乡村也永远会在前进中发展。归根到底，我们要走中国特色的城市化之路，不要“死板”，要“灵活”。

虽然困难不少，但我始终相信中国的城市将会迎来一个更加美好的春天

我总的一个感觉是，新中国成立这60多年以来，从城市规划和建设的角度看，大致可以分成两个阶段。这是在两种经济体制下的两次伟大的社会实践，深刻地影响着城市规划和城市建设工作的方方面面。前一个阶段，是以计划经济为主导的开创时期，我们主要是在摸索，站在两条道路的角度，针对具体问题来辩论、分析该怎么办。当时的经济实力最低，受政治的影响也很大。后一个阶段，非常突出的就是“改革开放”四个字。站在改革开放的角度，我们的城市规划和建设就不再是零碎的、从一个具体问题或者两个对立的具体问题来讨论研究，而是更加科学了，是根据社会、经济和城市发展的发展规律，全面考虑国家计划和市场经济的要求，形式也更加灵活、滚动、多样，满足多种目标的需要。

在已经过去的60多年里，我们做了许多前人没有做到的事情，我们在反反复复的争议中间前进，取得了前人所没有过的实际成果和经验。西方国家有几百年市场经济条件下的城市规划和建设经验，前苏联有几十年的计划经济条件下的城市建设经验，但是，很少有一个国家像中国这样，在不长的时间里，经历了两种经济体制下进行大规模城市规划和建设的实践，其中的经验，包括教训，都是十分丰富而宝贵的。

我干的这些和城市有关的事情，在新中国整个城市建设的历史中，不过是一个小小的点，没有太多可说的。幸运的是，这60多年来，我一直在这个行业里头，没有动。目前我已经退下来，是一个顾问的位置，但是有很多文件还是送到我这里来。现在，中国城市发展和建设可

以做的具体事情太多了，这是我们的好机会。我们的社会、经济、文化现象，跟城市化现象放在一起来谈，更有看头。我最近收集了很多资料，也订了很多报纸，我感到现在要谈城市化，自己原来的那点知识已经不够用了。我们面对的困难也不少，但我从来都是讲城市的春天，每次开规划会，我总是在讲春天，“一五”计划是第一个春天，改革开放伊始是第二个春天，现在应当说是第三个春天。当然，春天也有它自己的特点，并不都是春暖花开、春意融融，就像早春的天气一样，还有乍暖还寒的一面。

所以，以我这几十年的经历，对于中国的城市建设和城市化，是这样一个看法，太着急不行，太慢也不行，而是要实事求是跟着经济规律，把城市和城市化看成是社会经济发展中间的一个科学内涵和过程，要有这样的观念，才能冷静地处理。既要提出经验，又要面向新的问题；既要看准一个问题，又不能看死一个问题。改革开放已经过去了30多年，现在又进入到改革开放的下一个30年，这是历史的选择。改革开放不是一个短期、暂时的命题，而是一个长远、永久性的主题，所以，我们要走的科学发展道路就是改革开放。“改革开放”四个字的包容面很大，我们只有从这个角度，只有这样才能把城市规划和建设的方方面面做好，也要用这样一种思想准备，来迎接一个新的更加美好的城市的春天。

英雄花开50年

——回眸攀枝花城市规划建设

鲍世行*

我曾为攀枝花市的规划和建设挥洒过汗水，倾注过心血，同时也在这里锻炼成长。这里的一山一水、一草一木，都深深印在我的脑海中挥之不去。历史总是在特定的背景下发生的，如果了解了当时的大环境和大舞台，再来看这一出曾在攀枝花上演过的城市规划“折子戏”，或许才会真正理解一点它的价值。

花是一座城，城是一朵花

曾经有很多人问过我：“攀枝花是什么花?”其实就是木棉花。这种花生长在我国南方，北方没有，当地人管它叫“攀枝花”，又叫“英雄花”。芭蕾舞《红色娘子军》舞台上的那两株花，就是攀枝花。每到初

---

* 作者系中国城市科学研究会首席专家，本文承中广电广播电影电视设计研究院刘天羽硕士协助搜集资料并参与文章构思和修改，特此致谢。

春，满树开放碗口大的鲜花，红色、黄色、橘色，有种别样的美。花瓣掉了以后结的果就跟棉桃一样，但个儿要大得多，里面也有棉絮。

在当地矿山上，有一棵很大的攀枝花树，所以这个矿被命名为攀枝花铁矿，后来在此兴建起来的城市也就命名为攀枝花市。攀枝花是全国唯一一座以花命名的城市，所以有“花是一座城，城是一朵花”的美誉。

在三线建设初期，攀枝花市在内部被称为“攀枝花特区党委”和“攀枝花建设指挥部”。1965 年 4 月准备改市挂牌时，特区向四川省人民委员会发去报告，提出将政府名称改为“四川省渡口市人民委员会”。经四川省人民委员会请示后，国务院于当年 4 月 22 日批复同意。之所以改称“渡口市”，完全是出于建设保密的需要。如果叫“攀枝花”，大家就知道这个城市一定在南方，最低气温不低于零度，这一下就把大半个中国给排除了；如果叫“渡口”，中国江河湖海那么多，渡口更多，就不好确定在哪里。实际上，攀枝花当时确实也是四川省内渡口最多的城市。三线建设初期，由于交通繁忙，曾在境内金沙江、雅砻江上一共

1970 年，攀钢 1 号高炉建成出铁

建了 27 个渡口。以后，随着大桥的陆续建成，这些渡口才逐步消失。改革开放后，经国务院批准，渡口市于 1987 年 1 月才正式更名为“攀枝花市”。

事实上，当时不仅城市名称是保密的，许多重要单位的名称也是保密的。一些单位大多采用信箱为代号，例如：1 号信箱——攀枝花工业基地建设总指挥部，2 号信箱——冶金建设指挥部，3 号信箱——化工系统，4 号信箱——煤矿建设指挥部，5 号信箱——铁路系统，6 号信箱——电力指挥部，7 号信箱——地质和地震部门，8 号信箱——机械系统，9 号信箱——交通指挥部，10 号信箱——建工指挥部，11 号信箱——财贸系统，12 号信箱——森工系统，13 号信箱——综合部门，14 号信箱——生活服务部门，15 号信箱——政府秘书部门，17 号信箱——林业指挥部，30 号信箱——矿山指挥部，34 号信箱——东风钢铁公司（攀枝花钢铁厂），等等。在当地还有一些简称办法，如：9 号信箱简称“九指”；10 号信箱，简称“十指”；各系统的下属单位又分别用附 1、附 2 作为代码，如渡口市第一建筑工程公司，其代号为“10 附 1”，二公司就是“10 附 2”，“9 附 1”是交通指挥部的公路部门，“9 附 2”是交通指挥部的航道部门，“9 附 6”是交通指挥部的公交公司等，不胜枚举。

下四川，战三线

我是 1962 年春节后从北京去四川成都的，之前我在国家计划委员会城市规划局工作。当时下放干部主要是为了精简职工。1958 年“大跃进”以后，国民经济陷入极其艰难的境地。在 1960 年 11 月召开的第九次全国计划会议上，李富春在会上宣布“三年不搞城市规划”。1961 年 1 月，城市规划局划归国家计委，更名为“城市建设计划局”，主要进行调查研究工作。当时宣布了一系列否定城市规划的政策，例如：只搞工业区规划，建设分散的居住区；先生产，后生活；不搞集中的城市，等等。看起来，“拆庙，搬菩萨”（撤销机构，下放干部）已经势在必行了。

城市规划局的领导珍惜这好不容易培养起来的数以百计的城市规划队伍（当时技术队伍已有 300 余人），为了保存技术力量，领导决定将这些人成批下放到地方，每批 60 余人，而且是技术工种齐全，领导干部配套，可以独立开展工作的队伍，相当于向地方空投了一个完整的设计院。此外，当时城市规划局领导在安排队伍下放时，还考虑到将来在条件成熟时，或成立“地区分院”，或成建制调回，这样，技术力量不致散失，真可谓用心良苦。可后来政治运动一个接着一个，先是四清运动，后来是设计革命运动，到 1964 年 4 月，连我们的“老窝”——中国城市规划设计院（当时称“城市设计院”）也被“端了”（撤销）；另外，下到地方后，人事关系就属于地方，再要调回来谈何容易。所以，等到后来真正需要技术干部时，再想调回来就不是那么容易了。

我们这一批被调到四川省城市规划设计院，一到那里马上就参与到三线建设当中。我到达成都后，第一项工作是省计划委员会下达的任务，由我带领十几个人搞全省的区域规划。当时中央提出国民经济“调整、巩固、充实、提高”的八字方针，到底四川怎么调整、怎么巩固、怎么充实和提高，对于这样一个占全国人口十分之一的大省而言，必须先从分析研究现状开始。对四川而言，这项工作可能是史无前例的。我们先从分析轻工业开始，取得经验后再全面地在工农业各部门推开。后来，这项成果因为对全省国民经济的清晰分析和提出了可操作性的结论，得到了省计委的高度评价。第二项工作是配合工业部门（主要是军工部门）进行选厂和预选厂工作。对于选厂工作，由于项目大多为国家保密工程，地方业务部门的主要任务是为来选厂的工业部门提供各种建设条件的基础资料。当时，正是三线建设的高潮时期，选厂的任务真是应接不暇。为提高效率，省计委提出搞“预选厂”工作，也就是把可供建设的用地，预先做好各种建设条件的基础资料的准备。当时四川为了配合三线建设，修建了不少铁路干线，所以得先在铁路沿线选择可供建设的用地开始，收集基本建设的基础材料，任务量大，工作艰巨。

城市规划初创期：“一枝独秀”攀枝花

1972 年后，我又被调往攀枝花参与城市规划工作。攀枝花作为国家三线建设的重点地区，可以说它的建设从一开始就是在城市规划的指导下进行的。建设初期，毛泽东同志曾对攀枝花的发展作过一系列重要的指示。此后在攀枝花城市建设的不同时期，多位党和国家领导人也曾先后到过攀枝花视察并作过指示。可以说在当时的中国，像攀枝花那样得到如此之多高层关注的城市，并不多见。攀枝花 50 年的城市规划和建设，大致可分成如下几个时期：

初创期：从 20 世纪 60 年代开始到 1970 年攀枝花钢铁厂第一座高炉投产为止。如果从中央有关部门首次组织工作组进行西南地区钢铁基地的规划并对攀枝花钒钛磁铁矿进行勘探算起，则还可追溯到 1958 年。发展期：从 1970 年到 1978 年钢铁冶金企业完成第一期工程为止。在这一大规模规划建设时期中，一座以钢铁冶金为主体，兼具采矿、煤炭、电力、林业等工业部门，拥有 30 余万人口的新型工业城市初具规模。新发展期：从 1979 年直至今。

初创时期最主要的规划工作是 1964—1965 年的“攀枝花工矿区总体规划”，这也是攀枝花的第一次城市规划，依据是中央已经确定的建设项目。这个规划是在时任国家计划委员会副主任程子华领导下，组织国家经委城市规划局和四川、云南两省规划部门等共同编制的，是一次从选择厂址到总体规划的综合性规划。规划确定了弄弄坪、攀枝花—密地和巴关河（后称河门口）三块用地作为建设用地。弄弄坪地区建设钢铁厂、化肥厂、机修厂、汽车修配厂和三个居民点；攀枝花—密地地区在矿山脚下布置选矿厂，同时建设三个居民点，其中两个供矿山职工使用。巴关河地区地处宝鼎煤矿对岸，布置洗煤厂和电厂，同时建居民点三个。此外，还在宝鼎煤矿区的井口布置居民点三个。

"攀枝花工业区总体规划"来之不易。为什么这么说呢？首先，攀枝花位于四川与云南交界处的金沙江河谷地区的崇山峻岭之中，地理环境十分独特，且平地起家，附近没有城市可以依托。这给规划工作带来了许多困难。在规划前期的选厂定点中，曾组织多部门、多专业专家学者组成的考察组数百人反复进行考察，足迹遍及川、云、贵诸省，参加人数之多，调查范围之广，研究问题之宽，综合分析、多方案比较之深入，都是空前的。其次，规划中充分分析了用地条件和钢铁工业城市的特点，千方百计节约用地，尽量使城市布局合理。在当时"不搞集中城市"的大形势下，整个城市仍相对比较集中，没有搞成布局极其分散的"羊拉屎"式的城市而给今后的生产、生活带来不便。此外，虽然这个规划被称为"工业区总体规划"，但它把城市看作一个完整的整体，不但满足了当时建设的需要，还为今后的发展留出了余地，其远见已经为历史所证明。只有了解了这些背景，才能深刻理解当时的攀枝花的城市规划是多么不容易。

对于这个规划，原国家城市建设总局主管城市规划的副局长曹洪涛评价说：自 1960 年"三年不搞城市规划"提出以后，到 1973 年国家建委在合肥召开的城市规划座谈会上重新启动城市规划工作的这 13 年中，全国做过城市规划的唯有攀枝花一处。历史证明，在西南三线建委和四川省委的指导下完成的这第一个攀枝花的总体规划，有利于攀枝花的建设和发展。他还指出：三线建设以来随着形势的发展变化，有的单位因为交通运输、远离资源等种种不利条件而从三线搬出来，唯有攀枝花一枝独秀，结出硕果，原因之一就是进行了科学合理的城市规划。

不可否认，这个总体规划还是受到当时“否定城市”“否定城市规划”思潮的影响，这从规划名称“攀枝花工矿区总体规划”中就可略见端倪。当时，正是全国“工业学大庆”的高潮时期。大庆的经验被总结为：不建集中城市，不搞市中心、厂前区、大马路，先生产、后生活，居民点各项设施采用低标准等，而这些也都作为规划原则写入了规划文本。由于只考虑当前建设需要，为长远发展考虑不足，规划人口和规划用地规模过小，因此规划的各项指标很快就被突破了。

城市规划发展期：攀枝花的创新之路

20 世纪 70 年代以后，攀枝花的城市建设进入了一个新的发展时期，需要大量城市规划的技术力量，因此上级决定四川省城市规划设计院成建制由成都迁往攀枝花，成立渡口市规划设计院。正是在这一时期，我奉调来到攀枝花，全程参与了这一时期的攀枝花的城市规划与建设。

之所以攀枝花要在当时进行新的一轮城市规划，首先是攀枝花钢铁基地发展的需要。随着 1970 年成昆铁路建成通车和攀枝花钢铁厂一号高炉成功出铁，国家提出了攀枝花钢铁公司的二期扩建任务：生铁由 160 万吨发展到 270 万～300 万吨，钢由 150 万吨发展到 220 万～250 万吨，钢材由 110 万吨发展到 170 万吨。为此，城市也必须作出相应的调整和发展。

其次是城市建设发展的需要。当时，攀枝花城市发展中的矛盾逐渐突出，主要表现为：

第一，城市人口有了很大发展。按照初创期规划，预计攀枝花市远期人口规模为12万人，但1969年的现状人口已经达到14万人。突破预计规模的原因，一方面在于原来设想的压缩城市人口规模的措施在现实中很难实现；另一方面则由于新职工多、劳动生产率低下，因此工厂定员不能按设计要求实行。

第二，工业用地规模大幅度增加。其原因包括企业生产规模比预计更加扩大等，此外市政公用设施、铁路站场和仓库也有较大幅度增加。

第三，城市布局混乱。由于执行“先生产，后生活”的方针，生活区发展滞后，生产用地挤占了生活用地，致使工厂被居住建筑包围，彼此犬牙交错，十分混乱。

第四，建设标准过低。在初创期规划中，各项市政、公用设施和建筑标准都比较低。例如，道路系统一般采用双车道，路幅较窄，已经远远不能适应日益发展的交通运输需要。又如，由于最初给排水只考虑室外旱厕、户外集中供水，用水量每人每天40升，由此估计全市生活污水只有400吨/小时，所以不设生活污水处理厂，污水由冲沟排入金沙江。此外，当时的居住建筑大多是临时搭建的“席棚子”。这样的建设标准当然已经不能满足发展的需要。

在这种情况下，需要一个正规的规划设计单位来及时调整攀枝花的城市规划，解决出现的各种问题，显然已经迫在眉睫。

发展期的攀枝花城市规划有不少特色。就城市规划编制程序而言，采取了“规划纲要—总体规划—片区规划—总体规划”这一创新模式。

首先，我们于1970年编制了“渡口市总体规划纲要”，根据计算预测将城市人口的发展规模修改为30万～35万人，把城市用地范围扩大为八个片区。之后于1973年，根据“渡口市总体规划纲要”，修订了

"渡口市城市总体规划"。接下来，又于1974年根据全市的总体规划，编制了各个片区的"片区规划"。进行片区规划的原因是一方面攀枝花是山区城市，地形复杂，当时所做的总体规划不能满足城市管理和进行详细规划的需要；另一方面，攀枝花采用的是组团式城市布局，分区明确，片区相对独立。因此，在总体规划完成后开展片区规划是顺理成章的。攀枝花市的"片区规划"相当于20世纪80年代中后期国内城市规划界提出的"分区规划"，它解决了城市总体规划与详细规划之间的衔接问题。在1989年12月公布的《城市规划法》中，分区规划正式获得法律上的肯定，成为城市规划工作程序中的一个有机组成部分。在这方面，地处西南边远的攀枝花市先行一步，成功地"吃了螃蟹"，它的探索和经验为此作出了一定的贡献，可以说是一项创举。此后，出于城市发展的需要，我们又于1978年进行了新一轮城市总体规划。这次总体规划的目的是修订、补充、综合和提高，是一次螺旋式上升的规划。例如，根据工业综合利用的发展需要，把城市发展的性质由"钢铁工业城市"修改为"冶金工业城市"。又如，经过认真计算，将到2000年为止的城市人口发展规模提高到50万人，使城市规划更加符合客观实际。因为有片区规划作为坚实的基础和后盾，这一总体规划的内容丰富充实，既在宏观上经过了综合平衡，又在微观上能够指导规划管理和具体建设，得到了来自规划界同仁的好评和国家的奖励。

这一规划的编制成功，得益于攀枝花在城市规划方面有着强大的技术支撑。当时，小小的渡口市规划建筑设计院却云集了全国在城市规划方面最强的技术力量。1978年，当国家建委组织国内各城市规划技术队伍到唐山进行震后重建规划的大会战时，由我带领的这支十余人的"渡口队伍"，是各队伍中工种最齐全、技术力量最强的一支。大家常常戏称我们"宁可守寡，不愿改嫁（改行）"。因为即使在"文革"非常时

1996 年 6 月，钱学森（右一）会见作者（右二）等

期，我们仍坚持进行城市规划管理和城市规划设计。在唐山，我们这支队伍经受住了大会战的考验和锻炼，成为重要的技术骨干力量。

除了规划编制程序外，攀枝花城市规划在城市布局方面也十分富有特色，采取了以“片区”为规划单元、分散组团式的城市布局形式。这种布局形式较妥善地解决了城市规划中集中与分散、生产与生活等矛盾。

在中国，“分散组团式布局”概念的提出和实践是有一个过程的。1958 年青岛城市规划工作座谈会后，城市规划工作者们在对第一个五年计划建设实践的经验总结中，反思了苏联城市规划理论，认为那种封闭的、单一中心、层层向外蔓延的城市布局形式存在着众多弊端，同时对分散组团式城市布局形成了比较肯定的认识，分散组团式城市布局的萌芽期开始出现。在第一个五年计划期间，北京和兰州、西安、太原、大同、洛阳、武汉、成都、包头等大城市中，从布局形态来说，北京和西安是比较集中式的城市布局形式，而兰州、洛阳则是比较分散的布局形态。特别是兰州市的规划方案，受到多方推崇，曾经多次出国展览。可以说这是分散组团式城市布局的萌芽。在当时，一些城市规划方案中，对此也都有不同程度的反映。1958 年 9 月，北京市城市总体规划说明书上对城市布局形态有过如下阐述："北京今后布局上不宜过于集中，必须采取分散的、集团式的布局。集团与集团之间是成片绿地。"这个意见反映了当时我国城市规划界对城市布局结构理念的深刻反思和新的认识，只可惜由于随后接踵而至的一系列政治运动，这一符合实际的城市规划新理念没有切实得以实施。只有在攀枝花市，在三线建设的特殊环境中不仅成功规划了一个分散组团式的钢铁工业城市，而且这个规划方案还得以全面实施了。

周干峙院士（左二）与作者（左一）等

根据这一总体规划，整个攀枝花市在东西长达 70 余千米的金沙江两岸布置了八个片区：江北自东至西有攀枝花—密地、弄弄坪、河门口和格里坪四个片区；江南自东至西有金江、炳草岗、大渡口—仁和和宝顶四个片区。各个片区之间用道路和金沙江上众多的桥梁联系起来。"片区"作为攀枝花组团式形态的城市发展基本单元，整个城市是由若干片区组成有机的整体，片区之间以自然山水或绿带分隔。片区是生产和生活相对平衡的独立综合体：工作方面，绝大多数职工可以实现就近就业，方便上下班；生活方面，市政工程设施和生活服务体系配套齐全，方便生活；生产方面，工业设施的布置接近资源，同时充分利用地形采取铁路、公路、管道、索道等多种运输方式，密切“片区”之间的联系，便利生产协作。这样，每个“片区”相当于一个相对比较独立的城镇，整个城市则由若干个城镇组成，实际上形成了一个城镇群。

分散组团式城市布局的提出和实践对此后全国各地的城市规划产生了广泛而深远的影响。伴随改革开放，攀枝花市这一城市布局模式首先在重庆市和四川省内被普遍接受、采用后又推广到全国，深圳经济特区的城市规划方案就采用了分散组团式布局。分散组团式的城市形态不仅有效解决了城市发展中集中与分散的矛盾，而且也使城市的发展更富有弹性和适应性，可适应各种形势的发展变化，有利于城市建设的分期实施，同时各组团之间有自然山水或绿带隔离，生态环境也很优越，称得上是我国城市规划发展史上的一项创举。

及至 2000 年，随着这一轮于 20 世纪 70 年代进行的攀枝花市城市总体规划达到规划期限，城市规划的人口和用地规模基本满足了城市发展的要求，实践充分说明这一规划是比较符合客观实际的。

时光荏苒，一晃攀枝花建市已经 50 周年了。随着时间推移，即使在亲历者的脑海中，这些难忘的岁月也正在淡忘、褪色和远去。历史总是在特定的背景下发生的，如果了解了当时的大环境和大舞台，再来看这一出曾在攀枝花上演过的城市规划“折子戏”，或许才会真正理解一点它的价值。1999 年 6 月，钱学森同志在给我的信中提出总结攀枝花建设经验的任务，他说：“现在我们要认真总结那样拔地而起、从无到有地建设一座工业城市的经验，这是城市科学的重要内容。”因此，我愿意趁余力尚存，用笔记录下我的所历、所见和所感，为总结攀枝花城市建设的历史经验做一些力所能及的事。

步入 21 世纪以来，攀枝花市正在转型，好似一个人经历了幼年和少年，即将进入青壮年时期。在这个城市里，到处都能感受到变化和转折。原建设部副部长周干峙院士曾说："一切建设都有精神的因素，建设攀枝花的艰苦奋斗和勤俭建设精神是了不起的。"我相信，伴随伟大"中国梦"的不断实现，伴随攀枝花精神的不断传承，这座宜居、和谐、充满活力的山水之城，一定会更加屹立在川滇交界的金沙江畔。

杨拯民与天津钢铁基地

李先元

杨拯民同志“文革”前自陕西调来天津任副市长至1978年又调到北京，在津工作了十余年，于1998年10月23日病逝，离开我们三年多了。1969年建设天津的三线工程——“6985工程”时，曾和他朝夕相处很长一段时间。回忆起那些岁月，令人难忘。

1969年11月，老杨、我和吴毅夫、郝诚、师义、刘兰泰等都刚刚从“牛棚”里解放出来，和几位年轻的干部一起被召到天津饭店，当时由池必卿同志宣布成立了“6985工程”指挥部领导小组，杨拯民同志任领导小组组长，为天津在河北省邯郸地区的涉县建一个三线工程——天津的钢铁基地。

涉县位于河北、河南、山西交界的地方，虽说是太行山革命老区，但在那时还很落后，也很封闭，荒山秃岭一片，村里的山坡上只有一小块一小块老百姓赖以为生的梯田。那里有的人一辈子也没有出过山，甚至在我们进去之前，不少的老乡都没有见过那种露天放映的电影，真可谓穷乡僻壤！

同年12月，老杨带领我们乘坐大卡车从邯郸进山，汽车在干涸了的河床上开进了涉县的更乐村。一路上河床内鹅卵石的颠簸足以使我们筋疲力尽，到了那儿马上就进驻了更乐村老百姓的房子里。那里的房子是土房土炕，别看炕字带火字偏旁，可那里的炕没有火，凉屋子凉炕，再加上一支蜡烛，颇有点抗日战争时的味道。这对老杨和我们经历过国内革命战争的人来讲不算什么，更艰苦的是没有水，那里的老百姓吃的用的是窖水，每家院内都挖一个大窖，将夏天的雨水、冬天的雪水积攒起来，年复一年，里面有细菌自不必说了，就是那眼睛能看见的小虫、草根和泥土，就足以让城市人望而生畏，但老杨还是带头端起了碗大口大口地喝着并深情地说："这里的人民太苦了。"由于当时粮食是计划供应，那里标准低，我们吃的也只有高粱面饽饽，老杨吃得那个香，真想象不出他是将门子弟。由此看出老杨对劳动人民有着血浓于水的深厚感情。

不久，一场攻坚战就从这里打响了，我们经过几昼夜的讨论研究，向市里请示汇报，最后决定从天津调集了五建、六建两个建筑公司、建设局、电讯局、送变电公司、自来水公司、打井公司等建设队伍，还组织了冶金部的二冶、黑色金属设计院等单位，分头为铁厂、矿山、公路、通信线路和水源设计与施工，又从天津招收了69、70两届中学毕业生12000人，军队复员转业的干部士兵5000人，在老杨的倡议下又与河北省搞协作招收了农民工10000余人，还从天津调集了医院和商业系统的供应部门，真可谓是一支庞大的队伍，所有的人都住进了老乡的家里。顿时，更乐、井店等地方都住满了人。

局面很快打开，但建设起来，由于当时的特定条件，施工的难度是难以想象的。首先是施工机械和技术力量的落后，其次是物资短缺，再加上政治风云的变幻莫测，真可谓是问题成堆。但老杨用他那惊人的毅力和出众的领导才华驾驭着整个工程，运筹帷幄，克服了一个又一个的困难，使工程得以顺利进行。

工程先搞了高炉、矿山、铁路编组站和水源四大会战。生产用水是利用邯郸市150电厂的冷却水，穿山越岭，明渠涵洞提升到山上。老杨和设计人员一起翻山越岭勘测规划。为修建铁路的编组站，架设线路，老杨和小伙子们一次又一次地跑遍了大小山头、山谷，选上一个合适的站址，炸山填谷。为修建主厂房要将老百姓的梯田毁掉，又是老杨耐心说服当地领导并给予公平的赔偿。高炉厂房混凝土的浇铸要24小时不停地连续七天，他也亲临现场与工人们一起昼夜不眠。由于当时的运输能力有限，再加上山势蜿蜒曲折，仪器设备的进山真和大庆油田最初的建设者一样，要人拉肩扛。老杨从不端领导架子，他带领干部和工人们一起抬、一起扛，把成吨成吨的仪器设备运上了山。从工程的布局、调度到建设，他事必躬亲，也无处不渗透着他的汗水。指挥部所有给上级的报告、总结乃至讲话稿，他都亲自主笔。为向北京国务院业务领导小组汇报，要钱、要物，他带着人日夜兼程，从不住宾馆招待所。当然，在设计、厂址等问题上，我们也有分歧、有争论，争得面红耳赤，但我们还是好同志，因为我们的班子是团结的，他开诚布公的态度感动了大家，争论是为了工作，他照样关心你。他更关心下级，联系群众、爱护群众，所以他在那里结交了不少农民与职工朋友。总之，生活与建设上的困难，使我们全体工人和干部就像经历了一场战斗，而这场战斗在老杨的指挥下胜利了。终于用一年多的时间在一片荒山秃岭上建成了一个粗具规模、年生产100万吨的生铁基地，从而结束了天津“手无寸铁”的历史。老杨正是改写这一历史的“元勋”，功不可没！

漫漫征途天然气终于进北京

李　演

曾经有一段时期，北京地区的液化气供应十分紧张。那时候，煤气罐成了时尚物品。谁家要是有了煤气罐，就说明这家主人有交际能力，有路子，甚至连小伙子谈恋爱时，姑娘也会问上一句："你家里有煤气罐吗?"

北京城的煤气供应筹划于20世纪50年代的"十大工程"。1957年，北京市市政府选定石景山钢铁厂新建焦炉的剩余煤气为城市燃气的第一气源，准备向市区供应煤气，这成为北京市煤气供应的开端，也就是人们常说的"人工煤气"的最初阶段。

中国历史博物馆是北京城区的第一个正式用户，通气时间是在1960年1月25日。随后缓慢地又出现了一些煤气用户，但使用范围很有限。就这样，这种状态持续了好几年。

到了1966年，城市煤气供应开始紧张。原因是居民用户、工业用户的增加，再加上外事用户（指大使馆）需求量的不断增大。外国人的活动范围广，宾馆、办公楼以及相关的社交活动场地都要使用一定量的煤气，导致煤气用量上升。因此，人工煤气的供销矛盾开始出现，国家不得不采取停止、限制工业用量的方法来进行重负荷调节，以确保民用煤气的正常供应。

1965 年至 1973 年可称为液化石油气的初期发展阶段。

液化石油气的出现是有起因的：1964 年周恩来出访亚非 14 个国家时，看到外国朋友使用的液化石油气给人民的生活、工业生产带来了极大便利。回国后，就指示国家科委要大力发展我国的油、气资源综合利用。北京市公用局受命成立了液化石油气筹建办公室，1969 年 12 月至次年 1 月，他们择定西城区六铺炕石油部宿舍的八户居民进行民用炊事试验。结果获得成功，随后在西郊建成液化石油气灌瓶站，这是我国第一座民用液化石油气供应站。为方便居民灌气、方便工业用气，又陆续发展了四个供应点，并实施了液化石油气的二期工程，扩大了液化气的供应量。

从这时候起，北京城就有了“煤气罐”这个名词，街头也出现了人们拎着那个沉甸甸的煤气罐的身影。

人工煤气和液化石油气的供应均具有福利性质。人工煤气在供应的初始阶段，对居民用户采取不安装煤气表、按用气人口计算的方式收取煤气费，如：一个四口人的家庭，每月收煤气费 2 元；液化石油气每公斤气售价 0. 18 元，每瓶 15 公斤气售价仅为 2. 7 元！所以，当时的煤气真是又便宜、又好用。

然而，人工煤气也好，液化石油气也好，均在 20 世纪 80 年代初期出现了“断顿”的状况：气源严重不足，缺少季节性高峰气源，缺少储存手段。

北京市市政府为缓解矛盾，决定启用首钢为新的气源厂。但未尽如人意，就像是“下雪天偏又刮起了五级大风”，气源紧张的问题还是没有得到解决。首钢把北京市的投资拿走了，提供的煤气数量却远远不够北京地区居民的使用。

直到后来，北京市市政府出面重点抓气源问题，这种紧张局面才得以控制：凡是有钢瓶的就给本（指发给月供应证），给号、挂牌，成为液化石油气的正式用户。现在，有些用户改用了天然气，就“交瓶”、“交本”，不再使用液化石油气。因为天然气已经进了北京，越来越多的居民用户开始使用天然气。

那么，为什么要使用天然气呢？烧煤好不好？用电行不行？

答案很简单：不好，不行。因为北京是千年古都，不能在市区内到处是大煤堆，到处是大烟囱，再说也没有那么多的煤，资源有限；用电炉子也不适合中国，不信，您可以试一试用电炉子炒菜、做饭，肯定会弃而不用的。因此，城市最佳的选择就是使用天然气。因为天然气最干净，也没有污染。也正是由于这些优点，老一辈煤气方面的专家在20世纪50年代就提出了这个目标，但由于国民经济实力不足，石油钻探能力有限，后来又逢十年“文革”，所以天然气进京一下子就耽误了30年。

煤气公司的人形象地比喻为：“天然气就像是面粉中的富强粉，质量最好，老百姓最终都能吃得上。”现在，在政府的大力支持下，先是华北天然气进京，后又从陕甘宁的长庆引气进京，路程绵延长达1000公里，年供应气量达10亿立方米。人们再也不用为“气”发愁了。

周惠与集通铁路

姚尚宏*

内蒙古集（宁）—通（辽）铁路（以下简称集通铁路）全长945公里，1984年筹建，1990年动工，1995年投入运营，是全国地方铁路中兴建较早、里程最长、造价最低的一条贯穿内蒙古自治区中东部地区的路网性干线铁路。截至2012年，共运输货物3.84亿吨，旅客2668万人，完成营业收入391亿元，实现利润31亿元。建设期间向世界银行贷款1.5亿美元的本息（折合人民币15.75亿元），已于2009年全部还清。现在，集通铁路公司已发展成为自治区效益最好的大型集团企业之一，为带动自治区经济实现跨越式发展发挥了极其重要的作用。

我作为集通铁路筹建工作的参与者，深知这成就来之不易，而为这条铁路作出贡献的其中一个很重要的人物是周惠同志。现将我当年的日记摘要抄录，以缅怀为集通铁路筹建呕心沥血的内蒙古自治区党委原第一书记周惠同志。

* 作者系内蒙古自治区交通厅原副厅长

五人专家组为时七天的实地考察

1984 年 9 月 20 日—22 日

由中国城乡建设经济研究所和内蒙古党委政策研究室联合组织的全国重点建设和地区经济协调发展会议，在呼和浩特新城宾馆举行。

来自中央部门和全国各省市区研究单位的专家学者，积极为内蒙古经济改革发展献计献策。引起大多数与会人员关注的，一是内蒙古党委政策研究室战略组的郭凡生等一批青年学者推出的“金三角”资源转换战略和“反梯度理论”；二是内蒙古政协副主席暴彦巴图、原内蒙古经委副主任巴图和呼和浩特铁路局副总工程师褚庆长撰写的《关于自筹资金修建集通线的建议》（以下简称《建议》），主张“以地方为主，自筹资金，用建设地方铁路的办法建设集通铁路”。

周　惠

专家学者们围绕“内蒙古如何在本世纪末实现国民生产总值翻两番、下世纪初跨入先进省区行列”的目标进行热烈讨论。特别是《建议》，引起了中国城乡建设经济研究所副所长杨树生的关注。杨所长与老专家薛葆鼎、马一，铁道部运输研究所副研究员胡光荣都认为：目前国家在建的几条铁路新增的运力，都照顾不到内蒙古。如果内蒙古有胆量自筹资金修建集通铁路，那将是解决西煤东运和开发地区经济的重要举措。

杨树生先生是铁路专家，他了解国家铁路建设的状况，也知道内蒙古是吃国家补贴的自治区。他想沿集通铁路实地走一走，并与有关人员就地议一议，拿出一些意见供自治区领导参考。他的想法，立即得到内蒙古党委领导的同意，并决定《建议》作者之一巴图和铁路设计师陆宝贵陪同杨树生、马一考察。因我担任政研室办公室副主任，又曾经搞过铁路运输，于是负责具体安排这次考察活动。

9 月 25 日—10 月 1 日

集通铁路专家考察组一行五人，分乘两台越野车从呼和浩特出发，经集宁市、商都县、正镶白旗、锡林浩特市、克什克腾旗、翁牛特旗到赤峰市。

按照陆宝贵绘制的集通铁路走向图，考察组在沿途旗县同志陪同下，重点看了沙地、桥位和工程控制区段，边察看边计算边讨论。

一路走了七天，我随时归纳专家们的意见，每晚发一传真电报给自治区领导，供及时了解专家们的建议。到赤峰后又传回一篇总结报告，主要内容是：抓紧修建集通铁路，对国家、内蒙古都具有重要的战略意义；线路走向可以到通辽或奈曼，若到通辽最好；线路经过的地形、地貌和地质条件好，投资少，容易建；集通铁路主要为东北老工业基地供煤，运量充足，效益可观；自筹资金是关键，建议采用多渠道筹资办法，即在向国家申请投资的同时，建议自治区、盟市、旗县集资，向用煤省市和银行借款，申请发行铁路债券，请铁道部支援换下来的钢轨、车头等铁路专项器材等。

10 月 12 日

我从赤峰送杨树生、马一回到北京后于上午回到呼和浩特，领导认为考察组提供了十分重要的决策依据。

下午，自治区党委副书记千奋勇把我和政府副秘书长胡良发叫去，要我们找几个铁路专家就运量、工程量、投资等提供进一步的测算数据，并要求在此基础上为党委和政府起草一份给党中央、国务院的报告。

10 月 15 日

我们完成了给党中央、国务院的《关于建设集宁至通辽地方铁路的报告》和四个附件：《集通铁路的货运量》《集通铁路的投资效益》《集通铁路东段走向和接轨》《集通铁路建设资金筹集渠道》。

在近一个月中，有关集通铁路建设的探讨性文章在自治区报刊上发表，尤其是专家考察组的意见引起自治区领导层的高度重视。

“动真格儿”的内蒙古

11 月 15 日

内蒙古自治区党委和政府联合下发《关于成立内蒙古自治区集通铁路建设领导机构的通知》，决定自治区主席布赫任领导小组组长，自治区党委副书记千奋勇、自治区副主席刘作会、自治区政协副主席暴彦巴图、呼和浩特铁路局副局长孟昭勤任副组长，原内蒙古经委副主任巴图、呼和浩特铁路局副总工程师褚庆长、内蒙古计委副主任戈维武、内蒙古财政厅副厅长包文发、内蒙古物资局副局长张天禄、内蒙古党委政策研究室副研究员姚尚宏任成员。领导小组下设办公室，巴图任主任，储庆长、戈维武、姚尚宏任副主任。这表明了内蒙古党委和政府修建集通铁路的决心。

集通铁路上的蒸汽机车

1984 年 12 月 1 日

内蒙古自治区第四次党代会开幕，会上提出了在 2000 年前实现国民生产总值翻两番并要跨入全国先进省区行列的目标。

内蒙古自治区党委第一书记周惠在报告中提出："交通运输落后已成为严重制约自治区经济发展的一个重要因素，必须尽快改变这种状况。我们要下大力气，积极促成对开发内蒙古经济有重要意义的集宁至通辽铁路的建设。"这引起各位代表特别是来自经济战线和盟市、旗县的代表热烈响应。大家都知道西部区产煤而运不出去，每年积压降级或自燃的煤炭就有 200 多万吨，大批煤矿"以运定产"，只有交通发达起来才有可能实现党代会提出的目标。

12 月 15 日

上午，内蒙古党委和政府召开集通铁路新闻发布会，区党委副书记、集通铁路领导小组副组长千奋勇宣布了自治区党委和政府关于自筹资金修建集通铁路的决定。他说，内蒙古将分期拿出工程预算的 60%，约 4 亿元，其余欢迎兄弟省区集资。

千奋勇转述周惠书记的意见：周惠同志希望快点修，全线动不了工，先修二三十公里也好，可消除人们的怀疑，说明我们有能力完成这个任务。可把这段路叫“解放思想路”。他建议沿途四个盟市分段包干，东中西全动。

11 点多，周惠书记叫我到布赫主席在党代会的房间。我进去时，他和布赫主席正在议论集通铁路的事。周书记对我说：“《人民日报》总编辑与我核实情况，打算采用你在《内蒙古通讯》上的一篇关于建设集通铁路的文章。我想，既然党委和政府决定要干了，就把这篇文章压缩到 1500 字左右，以布赫主席的名义发表。这叫昭告天下，内蒙古要动真格儿的了。你现在就在这里搞，布赫同志修改签字，下午通过机要走。明天见报，配合党代会。”

12 月 16 日

布赫主席的文章《集通线是“三北”地区的致富线》在《人民日报》和《内蒙古日报》头版发表。文章说，内蒙古党委和政府决定并成立了专门的领导机构筹建集通铁路，希望中央有关部门和兄弟省区与内蒙古紧密合作；欢迎国内投资公司、银行、港澳人士和海外侨胞投资。在国家有关部门的积极指导下，尽快开始工作。

周惠书记到基层视察

1985 年 1 月 5 日

铁道部发言人房洪吉在北京向新闻界发表谈话，指出，“内蒙古党委和政府决定以地方为主，多渠道筹集资金，联合修建集通铁路是一件大好事，是富有远见卓识和战略眼光的。铁道部将全力与内蒙古合作，共同建成这条铁路”。

布赫主席的文章和铁道部的表态，传遍了内蒙古草原，令人振奋。但也有些不同的议论，有人质疑：“修铁路，钱从哪来？你修铁路，铁道部干什么？”也有人说：“在大草原上修铁路，蒙古民族生活习惯可能被改变。”

我们筹备办公室的成员尽管都是兼职，但人们的积极性特别高。很快，我们就与铁道部谈妥，以内蒙古自治区政府和铁道部的名义，给国家计委上报了《关于建设集宁至通辽地方铁路的报告》。大家一边筹备着，一边都期待着国家计委的立项批件。

暴彦巴图、巴图等一些老同志，在筹资上广泛联络，到处奔波；铁路老专家褚庆长和设计工程师陆宝贵、冯恩泰为当年开工商都段测算数据。我则组织盟市有关人员调查沿途运输流量和制定征地拆迁等建路政策。干事业的激情让大家连续几昼夜不睡都不觉得累。

很快，我在向铁道部和国家计委汇报过程中就意识到，尽管内蒙古决心很大，宣传力度也不小，但没有人相信内蒙古能拿出多少资金，而且线路走向国家并未确定，只凭我们的一股热情要完成立项任务几乎是不可能的。

周惠书记这时承担着巨大的压力。我跟他接触后才知道，其实他心里非常清楚：在计划经济时代，这个项目国家没有立项，更未列入国家计划。最近又下了新规定，3000 万元以上项目，须经国家计委立项，2 亿元以上的项目需要国务院总理批准。不立项无法动工。建设资金更关键。内蒙古虽然承诺自筹60%，但自有资金十分有限，主要部分靠集资和贷款，其实资金并没有真正落实。建路领导班子光内蒙古有个领导小组也不成，必须请铁道部派人，最好是铁路能派个“一把手”，内蒙古派副手，共同组织一个建路实体。

“这条铁路一定要修！”

1月21日

周惠书记刚乘汽车进京，铁道部计划局局长房洪吉来到了呼和浩特。房洪吉是代表铁道部来召集呼和浩特铁路局领导人开会，研究配合内蒙古安排集通铁路设计和商都段建设的。呼铁局是直属铁道部政企合一的单位，新近换了局长，铁道部不出面，地方部署任务有诸多不便。

我即根据田聪明副书记的安排，陪房洪吉去追周惠书记，希望房洪吉能就集通铁路建设问题给内蒙古出出主意，因周惠书记正在着急呢！

房洪吉曾是任职多年的呼和浩特铁路局局长，与周惠书记很熟悉。

中午，周惠书记放弃午休，在旗下营旅馆与房洪吉见面，就集资、配班子、怎样启动等问题交换意见。

房洪吉拉着周惠书记的手赞叹说：“您拍板自筹资金上集通铁路，这胆略和魄力叫人佩服！铁道部商量过了，集通铁路全长900多公里，是第四条出关通道，属于路网干线。只是国家没钱，本世纪内安排不了。铁道部愿意用旧铁路专项器材入股，和内蒙古一起把它建设起来。”

房洪吉入座后继续说：“听说您提议今年就修商都段，叫‘解放思想路’。只要开头就好办。据我所知，国家‘七五’计划还没安排这么长一条铁路。”

周惠书记始终认真地倾听着房洪吉发表意见。他问：“开了头后面没钱怎么办?”

“国家干线，起码铁道部不能不管。”房洪吉回答。

“旧器材大约值多少钱?”

“5000多万元吧。”

“入股是什么意思?”

“我们议论过，集通铁路就是以地方为主，多渠道筹集资金，联合修建，自定运价……”

周惠书记追问:“未来经营怎么办?”

“哎呀，您现在别想那么多，先干起来再说，那些事以后都好办。”房洪吉知道周惠最注重实事求是，但他还是认为搞项目太细了也有问题，还是坚持说:“这类事，有时候也得有点冒险精神。”

周惠书记说:“你们铁道部不会是要吃我老周的‘豆腐’吧！老房，内蒙古需要帮助哪！三中全会以来，咱们内蒙古是比过去好了些，但能拿得出手的也就是土地、劳力。我们和铁道部是哥俩合伙干事，至少也得平摊吧。不够的，内蒙古想办法贷款，我不赖账。再说，建这么长一条铁路，铁路不出人不成，地方也没有这方面的人才。你可要帮我想想这些问题!”

周惠书记知道房洪吉是一片好意，也明白铁道部对于上集通铁路也有了一定的积极性。但他还是讲出了心里话:“这条路干是必须得干，不干内蒙古没有出路。但内蒙古是守法户，历史经验也不允许我们再搞‘大跃进’哪!”

周惠书记进京后，铁道部陈璞如部长带着班子成员集体与周惠交换意见。之后，周惠又向国务院万里副总理、国家计委宋平主任汇报，还去了王光英和荣毅仁的办公室，一路忙活的都是集通铁路的事。

周惠书记这次进京的目的，就是想从国家计委讨一个批件，找大公司帮忙搞一笔贷款，与铁道部确定建路班子。他想把这几件关键事情真正地落实下来。

3 月 18 日

国家计委的批件终于来了。我们集通铁路领导小组办公室围了一群人在争阅文件。国计交办〔1985〕52 号文件说：“关于修建集宁至通辽地方铁路，你区曾报国务院，并要求全部返还能源交通建设基金，以解决资金筹措问题。鉴于国务院对你区的报告尚未批复，该项目的投资来源没有落实，因此，请你区抓紧工作，在建设资金落实后再行审批。”

看了文件，满怀热情的人们傻眼了。连个别积极分子也怀疑这个项目完了。

忙乎半年的事情，似乎一下子又回到了原点。

3 月 30 日

周惠书记主持党委常委会研究集通铁路问题。参加会议的有自治区党政有关领导、政府有关厅局和呼铁局主要领导，以及集通铁路办公室的有关人员。

我请示田聪明副书记同意，把对集通铁路积极性很高的乌盟副盟长金巴也请来了。他一进门就拍着胸脯说：“周书记，乌盟那段铁路我包了，我用党性向您保证，咱们自己干，速度快，花钱少，保证干好！”

会议传达了国家计委 52 号文件。周惠书记说：“大型项目，慎重是对的。况且 52 号文件明确告诉我们，同意‘抓紧工作，在建设资金落实后再行报批’嘛！上面不是叫我们撤项目，是让我们抓紧准备。这个文件就是我们继续筹备集通铁路的依据。我在北京接触那么多领导，还没有一位反对这个项目。这条铁路的运量和效益没有问题。现在，连我们的群众也看清这盘棋了。我们的领导干部必须明白，这条铁路一定要修！对于内蒙古来说，建设集通铁路是重大的战略突破。如果 1995 年

工作中的铁路工人

前建不成，我们用什么达到小康，凭什么去跨入先进省区行列？当然，天下哪有容易的事呀！正是因为有困难，才需要我们党委和政府去努力工作嘛！”

周惠书记接着说：“对于建设集通铁路，目前有三种态度，有的不积极，有的积极，有的超积极。不积极不能成立，超积极也不行，积极的还是绝大多数。我们的同志要看得远一点，要有决心，不动摇。但是搞建设是实实在在的事，不能‘大跃进’。筹备工作还是‘积极稳妥’这四个字。要抓紧，但一定要稳步前进。

“刚才我们的老金巴是摩拳擦掌哪！我们要保护同志们的积极性，也希望不那么热心的同志从现在就热心起来，切实为老百姓办好这件事。当前主要做好三件事：一是筹集资金，这是问题的关键。集资方案确定后，马上派人出去。拿上 52 号文件，一路上北京、吉林和沈阳；一路下江苏、上海和浙江；一路到广州、深圳和香港；中央部委也会支持一些。估计国内集资数量有限，因此要在引进外资方面，大胆摸索，寻求突破。二是集通铁路的走向要搞路线比较，到通辽，还是赤峰、奈曼，这要看到哪里省钱，又有利于开发内蒙古经济，要拿出具体意见。三是今年要干的大六号到商都段，这一段也不能马虎，基础要牢。这三件事分三个小组，三个月内作好准备，再来自治区党委汇报。”

周惠书记要求：“筹备工作必须从基础做起，按照基建程序要求，踏踏实实，一件一件来。从现在起，不论是呼铁局的还是地方的，在朝的还是在野的，要拧成一股劲，把基础工作做扎实。”

关于筹建机构，周惠书记说就叫“内蒙古地方铁路建设董事会”和“内蒙古地方铁路建设总公司”。机构要从简，从队伍到作风都要有个新气象。

必须承认，周惠书记对集通铁路的重视真可谓史无前例。当负责集通铁路筹建的千奋勇副书记在 4 月到中央党校学习时，他明确集通铁路筹建工作由田聪明副书记和马振铎、刘作会副主席负责。一个项目，放了三个省级干部。

周惠书记抓工作十分认真，而且是抓住就不放。没过几天他又一次主持召开党委常委会，研究决定并正式下文，由计委主任额尔敦、财政厅厅长李欣泉、经贸厅副厅长王世真、中国银行呼和浩特分行国际结算处副处长郭可秀和我，组成集通铁路集资谈判组，负责集通铁路有关国内外的集资谈判事宜。

集通铁路

摽住铁道部不放松

4 月 11 日

下午，周惠书记召集田聪明、马振铎、刘作会、周君球（政府秘书长）、额尔敦和包文发等同志开会，就上次常委会布置三件事的进展情况听取汇报。在马振铎副主席汇报后，周惠书记说："同志们热情很高，这很好。但必须看到困难不少。建设资金不落实，国家就不好批。铁道部总的说是积极的，国家不点头，他们也为难。但这条铁路非上不行。如果走向选赤峰，只有 700 多公里，投资大约 7—8 亿元，这就好办一些。我前些日子在北京与布赫同志电话商量，同意先修到赤峰。宋平说到赤峰国家计委可以给两个亿，铁道部用旧器材入股一个亿，这样还剩四个亿。土地和劳务可以入股一亿五左右，还可搞点军民结合。沈阳军区和北京军区以及沿途驻军的劳务支持也可以算成劳务入股，就可以凑到七八个亿。集资达到八九不离十，就可以向中央打报告。我们的作风必须是老老实实，一句假话都不能说。上次常委会布置的三件事要积极准备，争取下半年拿到中央的令箭。"

当马振铎汇报到呼铁局走向研究搁浅、形势不容乐观，刘作会和额尔敦也提议呼铁局需要尽快派员参与筹建工作时，周惠书记说："田聪明、姚尚宏明天就去北京，找铁道部陈璞如部长协商机构和班子人选。现在看，定班子是当务之急。请他们出人，特别是呼铁局主要领导人得出来，我们不摽住铁道部不行。"

周惠书记继续说："我们的知识太少了。要搞好集资，必须组织一些懂业务知识的人，要向国家计委等部门请教，还要拜访荣毅仁、王光英。《经济导报》上也介绍了一些引进外资的知识，要认真学习。引进外资，可以接触，可以谈判，但要考虑好偿还能力。”

4 月 13 日

下午，我陪同田聪明副书记到铁道部与原铁道部副部长、中国地方铁路协会会长李克非，铁道部计划局长房洪吉、副局长张兰等同志会面。

田聪明副书记首先向铁道部的同志介绍了内蒙古筹备集通铁路的进展情况。他说：“内蒙古对建设集通铁路态度是明确的，因为无论从哪种意义上说，这条线都应该上。当前，主要在线路走向、资金筹集、机构建立方面需要铁道部大力支持。周惠同志的意见是，如果我们两家在这些问题上定了，然后分头做工作，创造批准项目的条件。一旦准备差不多了，我们好一起找国家计委。机构建立很紧迫，特别是总公司，我们的意见是由铁道部和呼铁局的同志牵头，内蒙古派副手。”

房洪吉和张兰围绕线路走向、铁路旧器材入股和公司组建问题也谈了想法。最后李克非会长讲了三点意见：

一是要抓紧进行可行性研究，把走向先定下来。二是资金问题，内蒙古拿多少是关键的关键。内蒙古先提个数，把关系确定了好往国务院报，立不了项不行。这条铁路的标准，一定要按地方铁路来搞，固本简末，每公里不能超过 80 万元。三是机构建立很紧迫，班子成员一定要精明强干，但部里出人恐怕办不到，主要得靠呼铁局。下星期陈璞如部长回北京我向他汇报，约田书记和陈部长一块儿谈。

要“善于算账”

1985 年 4 月 15 日

凌晨，我从北京返回呼市。办公室通知说周书记在家里等我。我急匆匆地走进他家小客厅，他正躺在沙发上输液。原来他得了重感冒，浑身发烧，脸色发暗，两只眼睛也有点肿。

我见他在病中，又很难受的样子，就简要地告诉他：田书记与李克非同志见面，就呼铁局领导参与筹建等问题意见一致，待陈璞如部长回京后就定。聪明在京还得等几天。

我原想说完就离开，但见他示意我留下，于是我就在小沙发上坐下来。

周惠书记的身体明显很虚弱，他问我："你想没想过这条铁路究竟应该怎么搞？"

我于是把自己所焦虑的没有铁路技术干部、国内集资谈了多次未见成效、需要尽快组建团队等想法向他倾诉了一番。

周惠书记说："在筹建过程中，一定要摽紧铁道部。为什么？上铁路项目，国务院主要是听铁道部的意见。摽住铁道部，这个项目就可能批准立项。集通铁路是一条干线铁路，建设期光靠内蒙古不行。建成后也必须纳入铁道部的统一指挥、统一计划，不然就发挥不了作用。我们内蒙古拼血本修建集通铁路，要的是快上，抢的是时间，图的是带动自治区经济发展。我想，铁路建成后，只要能还本付息就达到了目的，管理和运营全都交给铁道部。

"利用外资，我们的知识不够，你要尽快组织些年轻人认真研究这个问题。我们筹集资金，最终很可能得在外资上想办法。目前你们谈的几家外商，我看欧洲联合银行这家可以深入谈下去。"

4 月 17 日

上午，周惠书记又打电话叫我。我到的时候，他仍在输液，但脸色已经正常，眼睛上的浮肿也已经消退。

他要我谈谈关于集资贷款和线路走向方面的想法。我说的时候，他始终在静静地听。见我说完话，他讲了他的意见：

“资金问题是关键。我粗算，土地、劳务入股和解放军参战，大概可以搞到一亿元左右。内蒙古财政每年拿点儿、国家补点儿、铁道部给点儿，再搞上五六千万美元贷款就可能解决问题。但难在贷款不能直接用在铁路上，人家要卖发电设备给我们，看来得搞一揽子生意。这方面，既要敢于借债，又要善于算账。总之，我们不能给内蒙古留下大窟窿。”

他还嘱咐我：“线路走向也不能死抱住最长的不放。接到通辽当然最理想。但到赤峰路程短，投资可能少些。先到赤峰，经济条件好些时再修到通辽。如果抱住1000公里不放，资金落实不了，还是干不成嘛！你和田聪明与铁道部商量后，我们先把班子定下来。

“你说抓紧打造筹建团队、不等不靠、扎扎实实做好基础工作，这些都对。但筹建团队的人员一定要精干，中青年要多，都要干活的。机构人员有了，要扎扎实实地去筹备。”

周惠书记这两次谈话，为我们明确了筹建工作的指导思想。在筹建过程中，我对他所强调的摽紧铁道部、突出内蒙古与铁道部联合经营深有体会。实践也证明，这是完全正确的。

4 月 23 日

上午，田聪明副书记在铁道部与即将卸任的陈璞如部长和即将上任的丁关根部长，就成立内蒙古地方铁路总公司、董事会及其主要成员名单，以及请铁道部有关领导出席在呼和浩特召开内蒙古地方铁路工作会议等问题达成一致意见。

下午3点，周惠书记电话找田聪明副书记询问协商情况。聪明不在，我接电话，汇报后他很高兴。

田聪明（前左一）、周惠（前左二）及其家人在一起

铁道部与内蒙古的“盛会”

5 月 4 日

内蒙古地方铁路工作会议在呼和浩特召开。自治区党政负责人周惠、布赫、田聪明、马振铎、刘作会、周荣昌、暴彦巴图与自治区有关委、办、厅、局负责人，中国地方铁路协会会长李克非、铁道部计划局副局长张澜、中国地方铁路协会秘书长田本淮，以及铁道部规划院、专业设计院、第二设计院和呼和浩特铁路局的负责人出席会议。

这是铁道部和内蒙古领导以及两家主要业务部门负责人在呼和浩特共议集通铁路建设的一次盛会。

周惠书记讲话，他说：“内蒙古提出修集通铁路，是从经济上、政治上、军事上和国家全局战略上考虑的。建成这条路，既少不了铁道部，也少不了地方。只有两家结合起来摽在一起干，才能办成这件大事。这次会议，我们要成立内蒙古地方铁路董事会和总公司，先把班子定下来，然后分头去工作。我想，先确定两个组，一个可行性研究组，一个资金筹集组。三个月内都要完成任务，七八月份要向国家计委、国务院报文件，争取立项。我和陈璞如同志讲，内蒙古可是把吃奶的劲儿都用上了。这条路干好干坏，跑不了我也跑不了你。”

李克非会长接着讲话，重申铁道部对集通铁路坚决支持的意见。他说：“必须坚持地方铁路建设原则，不能照搬国家铁路‘大锅饭’那一套。建路原则是：地方集资、统一规划、固本简末、先通后备。呼铁局不是配合，而是必须全力投入集通铁路的筹建工作。”

会议明确可行性研究报告由呼和浩特铁路局局长宫树清牵头，铁道部专业设计院、第二设计院参加，于 7 月下旬完成。筹集资金由内蒙古计委主任额尔敦牵头，制订集资方案，落实资金来源，与前项工作同时提出报告。

根据田聪明副书记与陈璞如、丁关根部长商量的意见，呼和浩特铁路局原党委书记丁一、现任局长宫树清、副局长孟昭勤代表铁道部，分别参加内蒙古地方铁路董事会和内蒙古地方铁路总公司领导班子。会议确定：内蒙古地方铁路董事会董事长为布赫；副董事长为千奋勇、刘作会、暴彦巴图、额尔敦、宫树清。董事有：乌盟盟长曹国柱、锡盟盟长乃登、赤峰市市长才吉尔乎、哲盟盟长周德海、统战部部长苏林，还有巴图、丁一、孟昭勤、胡良发。胡良发兼董事会秘书长。

阵容显赫，几乎都是地区和部门的“一把手”。

同时确定：内蒙古地方铁路总公司总经理为千奋勇，副总经理为宫树清、姚尚宏。

总公司的成立，标志着集通铁路的筹备已经从探讨、酝酿、宣传，进入到了实质性工作阶段。我根据周惠书记“从基础工作做起”“千万不要等靠”的要求，通过与褚庆长、李仪亭、陆宝贵等铁路专家交往，结识了一批铁路专业干部，像冯恩泰、谢克屏、张海等人都同意来总公司工作。之后，又从地方上选进九名不同类型的专业干部，把他们派到全国建设地方铁路最成功的地方学习。这些人很快就成了行家里手。

7 月 2 日

周惠书记主持自治区党委常委会，听取计委主任额尔敦的集资情况汇报。在过去的三个来月，额尔敦除了派出三路人马到兄弟省区商讨筹资外，还和我分别带队，与 20 多家外商洽谈贷款，最后筛选出“法国欧洲联合银行”作为重点对象。会上，周惠书记拍板请对方 8 月初到呼和浩特签订协议。

这笔贷款十分复杂，币种也不同，有美元，有法郎，还有英镑。由银行用这笔贷款负责买发电设备给内蒙古，内蒙古再把这些大型发电机组用于新建达拉特电厂、扩建呼和浩特电厂，然后把国家安排在这两个电厂的投资顶出来给集通铁路；还账，则由内蒙古负责请国家批准，向他们出口煤炭和稀土。这叫一揽子买卖。

谈判期间，仅周惠书记主持党委常委会就研究了三次，贷款总算有了眉目。但在未来引资谈判的过程中，这只是开了个头。

选取路线要实事求是

7 月 26 日

今天，内蒙古自治区党委常委会听取了《集通铁路可行性研究报告》的汇报。周惠、布赫、千奋勇、田聪明和自治区副主席白俊卿等参加会议，铁道部地方铁路协会田本淮秘书长和刘士谔工程师也应邀参加。

呼铁局和铁道部专业设计院、第二设计院汇报了集通铁路四个走向方案的情况：

集通方案，也叫北线方案：西起集二线贲红经商都、正镶白旗、克什克腾旗、巴林右旗，到通辽北面的双泡子接轨，沿途经过 3 盟 1 市 12 个旗县，路经 8 个旗县政府所在地，全长 920 公里，总造价 7.8 亿元。此方案是设计单位推荐的首选方案。

奈曼方案，也叫中线方案：西起贲红经商都、正镶白旗、克什克腾到巴林右旗南下过西拉木伦河，绕科尔沁沙地经海金山牧场从红山水库下游接轨奈曼。此方案经 2 盟 1 市 9 旗县，路经 7 个旗县政府所在地。全长 835 公里，总造价 7.4 亿元。

赤峰方案，又叫南线方案：由北线的林西南下经翁牛特旗接赤峰。全长 780 公里，总造价 9.4 亿元。

补充方案：由贲红经商都、正镶白旗、正蓝旗、多伦县越河北界到赤峰市。全长 650 公里，总造价 9.9 亿元。

设计单位认为：赤峰方案和补充方案从长远经济效益和工程造价考虑均不如北、中二线有利，因此，趋于否定态度。

推荐方案中，还有一种意见认为应到奈曼。据说国家计委和铁道部支持此方案，因其便于解决辽南地区能源短缺问题。辽宁省和沈阳市对此方案感兴趣，预料批准立项可能快。

汇报时，领导们听得特别认真。许多人知道周惠书记和国家计委宋平主任都曾主张赤峰方案，而推荐方案与他们的主张正好相反，人们都很注意周书记的态度。

当汇报工程回收期时，周惠插话说："这样算加上施工期5年，就得15年才能收回投资。"千奋勇补充说："如果两头施工，受益就会提前。"

周惠书记问："到通辽后物资有无出路？"张家督说："这要请铁道部考虑旧有铁路的改造。"千奋勇补充："我们和铁道部讲过，要统筹考虑，不能像大同那样老卡脖子。"

田聪明与晚年周惠

周惠书记说："这条铁路我们是一定要修，而且要尽量往前赶。越早通，越主动。"

布赫主席说："看来打10亿元够了。会不会出现因为运价高人家不运货的情况？"冯恩泰工程师回答："不会，运煤的价格不成问题。"

当汇报到铁路建设所需物资时，周惠书记说："钢材 1.3 万吨，大数是1.5 万吨；木材26 万方，大数是30 万方；水泥39 万吨，大数是40 万吨；分几年干，我们组织材料不成问题。"

布赫主席问："煤拉到通辽返回时拉什么?"张家督答："木材、粮食和百货，年运量有250 万吨左右。"

周惠书记问铁道部的同志："黄毅诚同志主张到奈曼，铁道部是怎么考虑的?"田本准站起来回答："今天中午我和房洪吉通电话，他同意通辽方案。"千奋勇补充说："我从北京回来前拜访过李克非同志，他也倾向到通辽。"

布赫主席说："看来到赤峰不行，我同意到通辽，把奈曼作为比较方案。现在的任务是争取尽快立项。再就是要求国家批准我们引进外资，允许我们拿一部分煤和稀土出口还账。我估计最后得 10 亿元，现在按 7.8 亿元报，要作 10 亿元的准备。"

周惠书记说："刘作会同志算过账，每年出口四五十万吨煤，10 年能还清。干，我们是一定要干了。做事情冒冒失失不好，但长期五心不定也就损失大了。当然，接通后麻烦事还不少。常言说，车到山前必有路，船到桥头自然直。东北工业基地煤还是需要的。"

他又说："看来，我那个方案是被打倒了。实事求是嘛！这条铁路的走向我们大家都希望是北线，如果批到奈曼也行。修总比不修好。希望专家们把这两条线路的材料再搞得具体一点、造价再精确一点。省钱是必要的，但老百姓刚吃饱肚子没几天，不能只打他们的主意。总投资一定要打实，不能为了立项就有意说假话，那不是我们的作风。走向定了，我们就分头到北京活动。我和布赫同志都去，争取总理点头。大家知道，现在国家基建规模大了，我们又赶上了压缩势头，立项这一关挺难过。总的来说，我们是要积极，但步子要稳妥。还叫集通，也提奈曼，批哪条搞哪条。我想国家点头出点儿，铁道部给点儿，国外再借点美元，我们就能够把它建起来!”

会议决定把通辽作为主方案，奈曼作为比较方案，抓紧以自治区政府名义报文件给国务院。可研报告和资金落实报告作为副件一并上报。总报告由我写，胡良发协助定稿。

8 月 29 日

周惠书记再次主持召开自治区党委常委会，研究集通铁路建设资金落实情况。会议确定：“集通铁路建设资金按 9 亿元筹集，主要来源：内蒙古财政投资 1 亿元；向法国欧洲联合银行贷款折合人民币 4.5 亿元；铁道部专用设备器材投资入股 0.5 亿元；请求国家给予投资补助 3 亿元。”要求国家在“建路中引进外资，请中国银行给予担保；偿还外资所需要的煤炭出口指标（每年 50 万～60 万吨），以及还账期间物资补偿的外汇留给地方；国家补助的资金，也请与物资指标一同下达。”

这就是后来上报的资金落实报告的主要内容。

在周惠书记的直接指挥下，内蒙古党政领导为筹建集通铁路付出了辛勤劳动。特别是周书记，从头年党代会后，没有哪个月不过问集通铁路的事。1985 年春节过后，仅 3 月至 8 月的半年里，我参加由他主持专门研究集通铁路问题的党委常委会就有七次！我敢说，如果不是周惠书记亲自抓，而且一个问题一个问题地认真解决，这条铁路的命运无法预测。

9 月 1 日

我随千奋勇副书记到北京跑立项时，周惠书记也去了北京，他是专门去找总理的。这个月，他几乎就住在了北京。

9 月 8 日

周惠书记在内蒙古宾馆听取我们的情况汇报。

千奋勇副书记汇报说："国家计委要求我们和铁道部两家重新呈报文件，草稿尚宏已经搞好，现正在与铁道部共同修改。国家计委同意我们用欧洲联合银行贷款引进发电设备，顶出资金给集通铁路；引进外资用煤和稀土偿还，但要附上引进外资的协议；计委打算明年起从精煤公司扣 10 万吨出口煤指标给我们。在还账期间，每年给我们安排 50 万～60 万吨出口煤；计委意见是集通铁路东头接轨奈曼，两头接轨点改造和疏解由国家考虑。"

周惠书记说："好，咱们同意，就到奈曼！"

散会后，千副书记告诉我："周书记这次进京活动很有效果。"

9 月 23 日

内蒙古自治区政府和铁道部关于请求集通铁路立项报告正式报送国家计委。

这之后的两个月里，我带六七名筹建人员住在铁道部招待所，与铁道部计划局的工作人员一起，以内蒙古自治区政府和铁道部两家名义多次回答国家计委和国务院的质询，提供了多批数据。

12 月 10 日

国家计委计交〔1985〕2032 号文正式批准集通铁路立项。通知说："经国务院批准，同意立项。集通铁路西起贲红，东到奈曼。总投资 9 亿元，国家补助 2.5 亿元，其余利用外资，以煤偿付。对此，国家拟给以适当照顾。待地方筹集资金落实后再按基建程序报批设计任务书。何时开工，需在年度计划中再予安排。"

集通铁路项目筹备终于有了结果。

1986年3月

由于年龄原因，周惠书记退休了，但集通铁路筹建团队按照他确定的方向继续做工作。他们先后与105家外商谈判，在中央有关部门的大力支持下，最终与世界银行谈判成功，贷进1.5亿美元，解决了集通铁路的建设资金问题。

1990年6月22日，集通铁路正式开工；1995年12月1日，集通铁路并入全国路网正式开通运营。

事实正如周惠书记当年所预料的那样，集通铁路的开通，为缓解国家能源紧张，带动内蒙古经济腾飞，使自治区跨入全国先进省区行列，发挥了极其重大的作用。自治区经济增长速度自2002年以来连续八年保持全国第一，地区生产总值在全国排名由第24位上升到第15位。

2008年以后，集通铁路又进入一个新的发展时期。集通铁路集团公司围绕国家中长期路网规划，正在牵头建设内蒙古东部地区11条线29个铁路项目，建设总规模约3708公里，总投资约875亿元，建成后将形成“两横三纵”蒙东路网大格局。两横：即大准与集通联络线、集通铁路；巴音花（连通满都拉口岸）—二连浩特（口岸）—锡林浩特—乌兰浩特铁路。三纵：即锡林浩特—多伦—丰宁至曹妃甸（港口）；锡林浩特—赤峰至绥中（港口）；珠恩嘎达布其（口岸）—巴彦乌拉铁路经阜新至锦州（港口）。这些铁路项目正式运营后，可连接 3 个口岸和 3 个港口，年输送能力将达到 4 亿吨以上。

现在，广袤的内蒙古大草原，铁路、公路已经成网，交通发达，呈现一派繁荣景象。

从羊肠小道走出来的中国互联网

——我所亲历的中国互联网20年

胡启恒 口述 杨玉珍 整理

到1993年底，我国接入全球互联网的所有技术问题都已基本解决，但网络就是不通。原来，美国对中国要接入它的主干网络心存戒备，它认为我们是社会主义国家，有可能会“窃取”它的军事机密。

互联网进入中国已经20年了。20年来，互联网不仅改变着我们的生活，影响着我们的思维和行为方式，也在不知不觉间改变着社会。互联网是一种技术创新的伟大成就，但又非常不同于此前的任何技术创新，它的普及速度远超过历史上其他技术创新，它对社会和人们生活影响的广度和深度也是前所未有。20年前，我在中国科学院所承担的工作，使我有幸见证并亲历了中国接入国际互联网的全过程。现在结合当年的经历和感受，讲述我国接入国际互联网的原因、经过，以及互联网在中国生根发芽、发展壮大的不平凡历程，希望能对读者有所启示和帮助。

是谁为互联网画出第一张宏伟蓝图

在讲述互联网接入中国的过程之前，先要对互联网的起源有个大致的了解。互联网跟所有重要的技术发明一样，是在其他技术进步、发展成熟的基础上产生的。电话、电报、无线电、数字计算机的发明和应用，是互联网出现的前提条件和技术基础。有了技术基础，也要有政治和军事的需要，因为政治和军事的需求向来是刺激科技进步的重要驱动力。1957 年，苏联人造卫星上天，这对于美国来说可谓石破天惊，他们着实吓了一大跳，也感受到了可能落后于苏联的巨大威胁。为了应对这种危机，美国国防部提出，需要一种能抵抗核打击的全国作战指挥系统，有了这种系统，即使在遭受核打击的情况下，美国也能继续保持全国作战的指挥能力。毫无疑问，这是促使互联网产生的一种驱动力。

军方的需求只是一个方面，对于互联网的设计者们来说，真正影响他们设计理念的是 J. C. R. Licklider（里克莱德）——世界公认的互联网先驱和思想奠基人。里克莱德是一位美国科学家，1937 年他从华盛顿大学毕业后拿到三个学位：心理、物理和数学。他于 1950 年进入 MIT（麻省理工学院），得以近距离接触数字计算机。之后，他以一个非计算机专家的陌生眼光和特殊洞察力，观察和体验计算机。他后来提出的关于计算机网络的一些设想，对互联网的设计者和缔造者们产生了最直接的影响。20 世纪 60 年代初，他写了一系列备忘录，指出计算机科学发展的方向，就是要用互相连接、互相合作的计算机，把人类智能从一些机械重复、逻辑推理等辅助性工作中解放出来，使人类的智能用于真正的创造。他对于人类未来的美好理想，是革命性的、划时代的。

1962 年，美国国防部"先进研究计划局"（也译成"先导研究计划署"）聘请里克莱德担任领导工作。在工作过程中，里克莱德又写了一系列备忘录，描述他心目中理想的计算机网络状态。现代互联网所拥有的一些功能，当时里克莱德几乎都预见到了，比如，方便的人机界面、图形计算，甚至图书馆、电子商务、在线银行，等等。1968 年，他发表论文《作为通讯设备的计算机》，在世界上第一次指出：计算机不只是用来提高数学计算速度的工具，也是一种划时代的创新思维。

里克莱德不仅是世界上第一个提出全球网络的人，他还提出，网络是为全球每一个人服务的，每个人在网络面前完全平等，人人都可以在任何时间、任何地点自由地使用网络；建设全球计算机网络的最终目标，就是通过高度发达的信息共享、人机合作，使每个人都能够在其他人工作的基础上进行新的创造，使人类的智慧充分得到解放。

里克莱德的思想超越了国家的利益，超越了历史时代，属于一个天下为公的未来世界。他生活在一个冷战的环境，但想的却是如何使计算机网络方便全球的每一个人，而不是用于战争，用于征服别人。他的理想在于使人类的智慧用于更多的创造。他关于人机共生和全球网络的理念，影响着互联网的建设者们，为互联网的设计原则奠定了基础。

为了纪念里克莱德，2013 年，世界互联网名人堂（世界互联网协会 ISOC 设立的一项关于全球互联网历史的虚拟博物馆计划，旨在公开认可和表彰那些为全球互联网发展和应用作出杰出贡献的人）追认他为“世界互联网名人堂先驱”。在我看来，互联网的基因因为受到他的影响，而带有了一种理想主义色彩。

使互联网真正强大的，不是摧毁和消灭，而是超越和包容

互联网的发展过程，整体来看是非常复杂的。但总的来讲，用一个词描述最为恰切，那就是创新——开放、协同式的创新。

20 世纪 60 年代，美国国防部先进研究计划局已经建成了网络，只

不过这个网络不是全球的，是美国范围内的。60 年代期间，全球各地有许多研究团队彼此独立、平行地在做有关计算机网络的研究工作，其中有三个团队的成就比较突出，它们是：美国的兰德公司、美国的 MIT 和英国的 NPL（The National Physical Laboratory，国家物理实验室）。它们分别解决了异构计算机联网的关键性核心技术问题，如计算机分时远程合作、包交换、网络的检测分析技术，等等。1968 年，美国国防部正式立项，决定支持这三个团队中的 MIT。

2013 年 7 月 5 日，中国互联网协会在京召开第四次会员代表大会和第四届理事会第一次会议。曾担任一至三届理事长的胡启恒院士（左）被授予"中国互联网协会荣誉会员"

1969 年，斯坦福研究院计算机和位于加州大学洛杉矶分校的第一个网点之间开始通信，这是现代互联网的第一个网点。到 1969 年底，这种网点增加到四个。接下来的研究重点，是发展一个功能完善的主机通信协议。只有具备这个协议，网络才能兼容多种不同的结构，形成网间网络。

我们现在的互联网之所以被大家认可和接受，就是因为它用的是 TCP/IP 协议（互联网主机通信协议）。从美国国防部先进研究计划局开发的阿帕网 ARPANET 到互联网，最主要的变化就是引入了开放的架构和网络连接层的协议，也就是现在的 TCP/IP 协议。

发明 TCP/IP 协议的是美国的 Vint Cerf（温特·瑟夫）和 Robert Khan（罗伯特·康）。1973 年他们开始合作，经过不懈的努力，终于产生了奠定了互联网基础的 TCP/IP 协议。

但是，互联网工作原理的设计又不是仅凭这两个人的努力得来的，它是在很多信息技术开放、协同创新的基础上产生的。温特·瑟夫和罗伯特·康之所以成功，得益于很多已有的成果。当时，很多人在做平行的研究，比如电子邮件的发送、超文本链接、鼠标的点击、远程登录文件的交换等。可以说，互联网所有的创造发明都产生于知识共享、开放创新这样一个思维，都得益于全球范围的创新接力赛，得益于充分的交流和互为人梯地不断攀升。在互联网产生的过程中，这些互联网的缔造者们同时也创造了一种互联网精神。

TCP/IP 协议产生后，温特·瑟夫和罗伯特·康决定不为此申请任何专利，一旦这个协议已经足够成熟，能够坚强到支持一个大规模网络的时候，他们就把这个协议向全世界公开发布，让人们免费使用。TCP/IP 协议能够在众多的网络协议中脱颖而出，使互联网最终成为全球的网络，跟他们的这些做法有一定的关系。

2012 年，在首届世界互联网名人堂仪式上，记者在采访温特·瑟夫时问他：现在互联网已经存在这么多年了，它一直坚立不倒，就算通信、计算机领域有很多技术创新出来，它依然不能被取代，你是不是觉得很意外？温特·瑟夫说，我一点都不觉得意外，因为当时我们设计的目标，就是要让互联网能够容纳大量的异构网络，协同工作。不管你是什么样的网络，只要你使用 TCP/IP 协议，就可以马上联网，成为互联网的组成部分。它的精神和思想基础，是超越和包容所接纳的网络具体技术。如果你想建设一段新的网络，只需找到一个接入点，不需要得到任何中央控制环节的批准，就可以联网。整个体系好像成为一个有生命的东西，可以自主地延伸。温特·瑟夫把它描述为 Organic grow，即“有机地生长”。

互联网之所以有生命力、能够迅速地蔓延全球，跟这个协议的技术核心和基本思想是分不开的。因为他们知道，使互联网真正强大的，不是摧毁和消灭，而是超越和包容。

“互联网进入中国，不是八抬大轿抬进来的，而是从羊肠小道走出来的”

20 世纪 90 年代，互联网在一些国家已经开始发展，计算机联网成为当时很重要的一个研究方向。我国很多高校和科研院所，对于高速计算机也都有迫切的需求。为了充分利用科研资源，国家计委决定在中关村建设计算机网，共享高速运算能力。于是，诞生了世界银行贷款项目 NCFC（National Computing - and - Networking Facility of China，中国国家计算机与网络设施）。该项目旨在把清华校园网、北大校园网和中国科学院在北京中关村的 40 多个研究院所联成一个网，共享超级计算机的运算能力。

世界银行向国家计委贷出 420 万美元。在今天看来，这是一笔不大的款项，但在 20 年前，应该算是一笔巨款。国家计委决定用招标的方式来确定负责单位，清华、北大、中国科学院三家单位努力竞标，最后科学院中标。在国家计委宣布评标结果前，我去找国家计委负责这个项目的张寿副主任。我对张主任说，你一定要做到分数面前人人平等，要是有人跟你搭关系，谈些别的事，你都不要听。张主任说，放心吧，肯定分数面前人人平等。最后，中国科学院凭 0.7 分的优势胜出，主持这个项目。

计算机要联网，也促成了人必须要合作，需要跨部门组成一个项目管理委员会，成员除了清华、北大、中国科学院外，还有教育部、自然科学基金会、国家科委、国家计委参加。因为中国科学院主持这个项目，我又是科学院分管这个项目的副院长，所以由我担任管委会主任。这些单位都很关心NCFC项目，大家都意识到，如果NCFC建好，对科学研究来讲是一个极大的促进。

因为管委会是跨部门的，很多相关单位的领导都要参加，所以对管委会的工作，我特别认真谨慎。我首先去拜访了时任国家教委主任的朱开轩教授，向他汇报情况。朱主任说，虽然我们两个大学不太服气，但是你放心，工作还是要以大局为重，你就放手干！管委会决定的事，不必所有都来向国家教委汇报，我们都支持你！总之，国家计委、国家教委、国家科委、自然科学基金委等这些单位的领导都给了我很大的支持。

NCFC的首要任务是建设三个校园网，然后再建一个主干网，把三个校园网连接起来。至于主干网用什么标准，当时管委会采纳了以钱华林（中国科学院计算机网络中心研究员）为首的技术团队的建议，采用当时已经成型的TCP/IP协议。到1993年底，NCFC项目的网络建设基本完成。该项目的另一个重要任务，是装备超级计算机，作为网络上的公用资源。但是，这个任务受到了阻碍，原因是巴黎统筹会控制中国进口高新技术。

NCFC管委会认为，既然我们已经建成了中关村计算机网，又无法购买需要的超级计算机，那就不如趁此机会考虑国际联网。这不仅符合计算机科学的发展方向，也是各高校和科研院所进行国际合作的实际需要。于是，管委会很快达成一致意见，决定进行国际联网。但是，过程却并没有想象中的顺利，而是困难重重。

第一，NCFC 项目的任务书里并没有国际联网这一任务，国家对我们也没有要求。国际联网只是 NCFC 管委会“一厢情愿”的事情，是一个自选课题。

第二，世界银行给我们的贷款，只支持我们建成一个主干网，然后把清华、北大、中国科学院三家的局域网连接起来，共享超级计算机，像国际联网这样的事情，不在他们贷款的支持范围内。所以我们接下来遇到的就是资金问题。如果国际联网，我们需要自筹经费，420 万美元的贷款和国家计委的拨款我们不能使用。

第三，因为 NCFC 是世界银行贷款项目，按照世界银行的规定，国际专家组要不断地来中国检查。专家组只认可 NCFC 项目书上的内容，不关心我们国际联网。他们认为，我们的校园网都建好了，应该赶快去买一个主机，任务就可以完成，就可以结题了，为什么要进行国际联网呢？这简直就是不务正业。国际专家组每次来中国检查，都对我们有一些批评意见，我们没有办法，只好接受批评，暂不改正。

第四，要进行国际联网，在当时的条件下，必须要租用电话线。电话线是电信的基础设施，当时邮电部对基础设施的管理和收费制度有严格规定，一家用一根电话线，如果你要把你的电话线两家共用或者出租给别人，就要两倍、三倍甚至更多倍对你收费。因为这个收费制度，我们再三地去跟邮电部解释，说互联网本身是大家资源共享，中国科学院租了这个线不只是科学院自己用，我们要跟清华、北大共用，还有北航、北理工大学，它们知道这个消息以后也都要求上网，所以我们租用这个电话线是要给多家单位共用。邮电部说什么也不理解，说这跟它的制度不相容。

第五，美国对中国要接入它的主干网心存戒备。美国认为我们是社会主义国家，有可能会“窃取”它的军事机密。到1993年底，我国接入全球互联网的所有技术问题都已基本解决，但钱华林跟我说，不知什么原因，网络就是不通。后来在一次国际会议上我们得知，中国之所以接入不了世界互联网，是技术以外的一些障碍。尽管当时没有明说，但大家都心照不宣。

胡启恒（中）、钱华林（左一）等人为中国互联网10周岁生日切蛋糕

尽管困难重重，但管委会大家一条心。国际联网的经费，由国家科委高新司、自然科学基金委和中国科学院自愿分担；在我们多次拜访商谈之后，邮电部也破例允许我们以正常价格租用国际信道。最后，还需要设法解决美国方面的问题。为此，中国科学院正式向国务院报告请示，很快便得到了国务院的批准。邹家华副总理、宋健国务委员、李岚清、罗干，都在报告上签了字。1994年4月初，我趁去美国开会之便，拜访了美国主管互联网的自然科学基金委的负责人，说明NCFC的性质、国际科研合作对互联网的迫切需求，以及我们联网的目的。最终，我们达成共识，美国同意我们接入互联网主干网。

1994年4月19日深夜，在NCFC的机房，当夜值班的一位年轻工程师李俊，忽然发现自己能进入世界互联网了，他喜出望外。他后来回忆说：“当时我忽然发现自己能联网了，美国互联网上的一些东西我都能看到了，我兴奋得简直难以形容。”他欣喜若狂，还说：“我是中国进入互联网的第一人!”据他讲述，当晚他还留了一个心眼儿，没有打电话给任何人，连领导也没有告诉，想自己先玩一会儿再说，第二天上班才向领导汇报。这听起来虽然很有意思，但也可见当时我国科研人员对互联网的渴求。由此，1994 年 4 月 20 日，被正式认定为中国开通全球互联网的纪念日。

虽然接入国际互联网不是国家给我们的任务，但是当我们迈出了这一步，还是得到了社会各方面的承认。全功能接入全球互联网在 1994 年被我国媒体列为国内十大科技新闻之一，被国家统计公报列为 1994 年重大科技成就。不过，从互联网引入中国的过程也可以看出，互联网进入中国，确实不是八抬大轿抬进来的，而是从羊肠小道走上了康庄大道。

我国的域名服务器曾由一位德国教授友好代管

互联网正式进入我国后，为了适应管理和服务的要求，在中科院原有的计算中心的基础上，成立了中科院计算机网络信息中心，即 CNIC（Computer Network Information Center）。CNIC 成立后，受命完成中国国家顶级域名服务器的设置，使得中国顶级域名.CN 开始向国内网民提供域名注册服务，并于 1997 年经政府主管部门授权，正式建立中国互联网国家顶级域名运行服务机构 CNNIC（China Internet Network Information Center，中国互联网络信息中心）。

说起中国顶级域名.CN，背后也有很多故事。互联网进入中国前，中国顶级域名.CN，一直在德国的卡斯鲁尔大学，由佐恩教授替中国义务管理。因为当时中国没有任何单位，能够去操持我国怎样进入互联网的这些事。北方计算机研究所（隶属于兵器部）有一位王运峰教授，因为早年留学德国，改革开放以后，他领导的团队开始跟德国卡斯鲁尔大学的佐恩教授合作。1990 年，在佐恩教授的帮助下，中国顶级域名 .CN 在全球互联网根服务器上成功注册，并且域名服务器被放在了德国的卡斯鲁尔大学，由佐恩教授义务替中国管理。

1994 年，又是在佐恩教授的配合帮助下，我们把国家顶级域名 .CN 服务器移回了中国。1997 年经政府授权后，由 CNNIC 向全球正式提供 .CN 的域名服务。

为建立中国的域名体系，我们当时邀请了很多国内有关专家参加此项目。其中有钱天白，他是王运峰先生的助手，一个年轻的工程师。他被我们邀请来后，以 NCFC 管委会的名义，进行了很多工作，比如参加互联网国际学术会议、参与设计中国的域名体系、帮助顶级域名服务器移回中国等。钱天白和 NCFC 以钱华林为首的团队合作得非常愉快，被誉为计算机互联网领域的“二钱”。非常可惜的是，钱天白英年早逝，没有看到互联网在中国真正的灿烂辉煌。

中国发出的第一封电子邮件并不是网民熟知的《跨越长城，走向世界》

在我国互联网发展的早期，除了 NCFC 团队以外，很多科学家、工程师对互联网都进行了长期的研究工作，成果不菲。比如，早在互联网进入中国前几年，国内就已经有人在使用电子邮件。其中被全国网民熟悉并记住的，是 1987 年王运峰团队发出的以《跨越长城，走向世界》为主题的电子邮件。这被誉为在中国成功发送的第一封电子邮件。但人们不知道的是，早在这以前的 1986 年，我国就已经有人在使用电子邮件了。

中国科学院高能物理所的吴为民教授，是一位从美国回来的科学家，他所率领的团队在1986年就与欧洲核子研究中心CERN沟通了电子邮件。当时他们需要跟CERN交换大量的数据，如果这些数据都用打长途电话的方式进行交换，费用太贵了，所以他们在网络传输方面下了很大的功夫。从1986年成功运用电子邮件之后，他们就开始使用计算机网络来沟通、共享文件。高能物理所发给CERN的邮件可能因为没有任何人文色彩，被网民忽略，网民只记住了一封《跨越长城，走向世界》的邮件。

虽然大家都一致认可中国第一个实现全球互联网全功能连接的是由清华、北大、中国科学院组成的三角网NCFC，但是除了NCFC团队以外，当时确实还有很多的科学家、工程师以及研究、教育机构和企业都为互联网在中国的早期发展做了很多铺垫性的工作。

NCFC建成后，各高校和中国科学院都分别把自己建设的北京的网络向全国范围扩展。1995年5月，中国电信开始筹建全国公用的计算机互联网、骨干网Chinanet，并在1996年正式开通服务。到这时为止，互联网才可以说基本上开始了在中国的安家落户。

互联网能进入中国，除了中国的科学家和工程师们的努力外，国际互联网大家庭对中国的支持和帮助也不应被忽略。1994年以前，国际网络界学者、专家以及科技界人士在许多国际会议上，都公开发表意见，支持接纳中国加入互联网。美国国家科学院副院长甚至为了支持中国的加入，亲自向美国政府施加影响，这些都是我们不应该忘记的。

1996 年深秋的一天，在北京中关村白石桥白颐路口，立起了一个很大的广告牌，上面写着：“中国人离信息高速公路还有多远？向北 1500 米！”看到这个广告牌，很多人产生了好奇：向北 1500 米到底是什么？

当中国大陆和台湾的桌签并排出现在国际互联网会议上

中国加入互联网大家庭后，参加全球大型互联网会议的机会增多，中国大陆和台湾的代表在国际互联网的舞台上经常能够碰面。不管海峡两岸关系如何，在互联网会议上见面，双方关系始终非常友好，并且都从心底自发地发展这种友好关系。每次开会，大家都在一起聚餐，像个大家庭一样温馨和谐。其中有一次“特别”的经历，让我印象非常深刻。

国际上举行互联网大会，通常情况下都不会摆桌签，但有一次却出现了意外。那是一次全球的 NIC 负责人大会（NIC，即 NetworkInformationCenter，互联网络信息中心，每一个国家、每一个地区，只要有互联网的地方，都有一个运行顶级域名的 NIC），早上 9 点开会之前，与会国代表面前的桌子上突然出现了桌签。当时，大陆和台湾的代表都是会议参加方，我们面前放着“中国”，台湾面前放着“台湾”，显然，这是想把我们对立起来，形成“一中一台”。我当时一看这种情况，马上去找大会组织者，希望他们可以作出改变。可是会务人员却说：这次大会虽然是 ICANN（互联网名称与数字地址分配机构，是一个非营利性的国际组织）大会，但 ICANN 只是一个平台，每个分会场的组织者独立操作，需要找到 NIC 会议的具体组织者，向他们提出你的问题。我当时就想，这件事难办了，时间紧迫，如果实在找不出解决问题的办法，我们只好在开会之前退出会场。

但是接下来，令我意想不到的事情发生了。当我走回 NIC 分会场，看到了这样的一幕：摆在大陆和台湾负责人面前的桌签统统消失了，他们二人都自动地把桌签放进了下面的抽屉里。其他国家面前都有桌签，只有我们中国大陆和台湾代表面前没有桌签。看到这一幕，我非常感动。当时我们大陆方面的负责人叫毛伟，是中国科学院非常年轻的一个工程师，也就30岁出头的年纪。坐在他旁边的台湾方面的负责人，也是一个非常年轻的工程师。在矛盾尖锐化的时刻，他们不约而同地选择了最大限度地维护祖国的利益。当时如果我们去大吵大闹，而不是理智地来处理这件事情，就会在全球互联网世界里造成恶劣的影响。无论谁赢谁输，都会让中国人脸上不好看，都会给中国减分。而两个仿佛亲兄弟一样的年轻人，就这样举重若轻地把问题解决了。

后来我们发现，这次摆桌签事件，跟台湾的“外交部门”有关系，他们还特意派人来大会上拍照，意图制造“一中一台”。结果，他们的阴谋没有得逞。

互联网在中国的迅猛发展

互联网进入中国的20年，是在中国迅猛发展的20年。我们通过对互联网领域一些里程碑事件的回顾，来追溯一下整个过程。

年纪稍大点的人，尤其是通信界的人，可能对一个名字印象深刻，那就是瀛海威信息通信有限责任公司。瀛海威公司是中国最早、也是最大的民营互联网接入商，1997年就开通了全国八个城市的广域网。1996年深秋的一天，在北京中关村白石桥白颐路口，立起了一个很大的广告牌，上面写着：“中国人离信息高速公路还有多远？向北1500米！”看到这个广告牌，很多人产生了好奇：向北1500米到底是什么？原来，向北走1500米，就到了魏公村，那里有瀛海威的一个网络科教馆。在科教馆门前的台阶上，每天早上都能看到一群年轻人坐在那里等开门。里面到底什么东西这么有吸引力？那就是可以用来国际联网的计算机。

那个时候，家庭的计算机还很少，能用来国际联网的就更少了。年轻人之所以这么热情执着，就是为了利用瀛海威免费提供的上网服务。这是一个信号。瀛海威是中国第一家网络服务提供商，是互联网界的一个先驱。作为一个公司，瀛海威可能并不算成功，但作为互联网在中国最早、最热情的支持者，它和当时的CEO张树新都值得被我们永远铭记。

接下来，1997年6月3日，国务院信息化领导小组办公室决定委托中国科学院组建中国互联网络信息中心CNNIC。该中心正式获得授权，运行管理中国国家顶级域名.CN，并提供互联网域名、地址等基础资源分配有关的服务。当年11月，中国互联网络信息中心发布了第一次《中国互联网络发展状况统计报告》：截至1997年10月31日，我国共有上网计算机29.9万台，上网用户数62万。现在看来这是非常小的一组数字，但不到三年之后，即2000年1月18日，中国互联网络信息中心发布了第五次《中国互联网络发展状况统计报告》：截止到1999年12月31日，中国共有上网计算机350万台，上网用户数约890万。两年多时间，翻了十多倍之多。这是互联网最初进入中国的情况。

当年极具影响力的瀛海威公司设立的广告牌

接下来是互联网在中国土地上生根开花、生命力初显的阶段。2003年3月20日，湖北青年孙志刚在广州被收容并遭殴打致死。该事件首先被地方报纸媒体曝光后，我国各大网络媒体积极介入，引起社会广泛关注，互联网发挥了强大的媒体舆论监督作用。6 月20 日，国务院发布《城市生活无着的流浪乞讨人员救助管理办法》，同时废止《城市流浪乞讨人员收容遣送办法》，网络媒体的影响力与地位逐步提升。这说明，互联网开始在社会生活中发挥作用，开始变得“有用”。当一个东西“有用”之后，它便开始在这片热土上扎根，展示出旺盛的生命力。

2004 年2 月3 日至18 日，中国三大门户网站新浪、搜狐和网易先后公布了2003 年度业绩报告，分别实现了1.14 亿美元、8900 万美元和8000 万美元的全年度营业收入，以及3100 万美元、3900 万美元和2600 万美元的全年度净利润，首次迎来了全年度盈利。这个时候，互联网的生命力表现为能赚钱。这种能赚钱的生命力就像野草一样，往往比栽培的植物长得更茂盛。

也是在同一年，中国的网络公司掀起上市热潮。先是2004 年3 月4 日，手机服务供应商掌上灵通在美国纳斯达克首次公开上市，成为首家完成IPO（首次公开募股）的中国专业SP（服务提供商）。此后，TOM 互联网集团、盛大网络、腾讯公司、空中网、前程无忧网、金融界、e 龙、华友世纪和第九城市等网络公司在海外纷纷上市。中国互联网公司开始了自2000 年以来的第二轮境外上市热潮，它们不但在中国市场上开始盈利，也在世界范围内实现了资金大循环。

2005 年1 月17 日，中国互联网络信息中心在北京发布了第15 次《中国互联网络发展状况统计报告》：截止到2004 年12 月31 日，中国上网计算机约为4160 万台，上网用户数约为9400 万人。与1999 年相比，五年间不管是上网计算机还是网民数又翻了十倍之多。到当年6 月30 日，我国网民首次突破1 亿人，达到1.03 亿。到2006 年12 月31 日，我国上网用户约为1.37 亿人，网民数占全国人口比例首次突破10%。

到2008年6月30日，我国网民总人数达到2.53亿，首次跃居世界第一。而到了2008年12月31日，我国网民数又升至2.98亿，互联网普及率达22.6%，首次超过21.9%的全球平均水平，其中宽带网民规模达到2.7亿，占网民总体的90.6%。这些数字，展示出互联网在中国显现出超常的生命力，以人们来不及反应的速度在迅猛发展。

与此同时，中国的网络公司也在世界上崭露头角。2007年12月4日，美国纳斯达克证券交易所宣布，百度公司成为纳斯达克100指数和纳斯达克100平均加权指数的一部分。这是第一家入选纳斯达克100指数的中国公司。2007年，腾讯、百度、阿里巴巴市值先后超过100亿美元，中国互联网企业跻身全球最大互联网企业之列。

2009年以后，互联网全面融入社会生活。2009年，由中国互联网协会主办的首届中国网民文化节正式启动，9月14日这一天被网民票选为中国网民文化节。同年9月8日，腾讯公司市值突破300亿美元，成为全球第三大市值的互联网公司。2010年6月14日，中国人民银行公布《非金融机构支付服务管理办法》，将网络支付纳入监管。2010年，网络舆论的社会影响力提升，“王家岭矿难救援”“宜黄强拆自焚”等一系列事件通过网络曝光后引起社会的广泛关注。

2011年，我国微博用户达到2.5亿人，较上一年增长了296%，微博已成为我国重要的舆论平台。同年，百度、腾讯、新浪微博、阿里巴巴旗下淘宝商城等互联网大企业纷纷宣布开放平台战略，改变了企业间原有的产业运营模式与竞争格局，竞争向竞合转变。这种转变，不仅标志着企业的成熟，也表明互联网企业开始向着越来越整合的方向发展。也是在同一年，中华网向美国亚特兰大破产法庭提交破产申请。中华网于1999年在美国纳斯达克上市，是中国第一家赴美上市的互联网公司，同时也成为第一家申请破产的中国赴美上市互联网企业。

2009 年 9 月 14 日上午 9 时 14 分，来自全国各地的网民相聚在北京最高地标建筑——中央电视塔，共同庆祝“首届中国网民文化节”庆典的举行

在网民迅猛增长和互联网公司飞速发展的同时，互联网也快速向移动互联和深度应用前进。根据腾讯发布的数据，截至 2012 年 12 月，微信注册用户已达 2.7 亿人。从 2011 年 1 月 21 日微信推出，它的用户数量一直保持快速增长。2013 年，中国互联网络信息中心发布第 31 次《中国互联网络发展状况统计报告》。该《报告》显示，截至 2012 年 12 月底，中国网民规模达到 5.64 亿，互联网普及率达到 42.1%，其中手机网民规模为 4.2 亿，使用手机上网的网民规模超过了台式电脑。2013 年，我国网络零售交易额达到 1.85 万亿元，首次超过美国成为全球第一大网络零售市场（根据 eMarketer 数据显示，2013 年美国网络零售交易额为 2589 亿美元，约合人民币 1.566 万亿元）。

2013 年，互联网金融兴起，阿里巴巴推出在线存款业务产品余额宝，百度推出百发在线理财产品，新浪推出微博钱包，腾讯推出微支付、基金超市，京东推出京保贝，互联网金融产品丰富了人们投融资的渠道与方式，使传统金融业受到冲击。

2013 年 11 月，国家统计局与百度、阿里巴巴等 11 家企业签订了大数据战略合作框架协议，目的在于共同推进大数据在政府统计中的应用，增强政府统计的科学性和及时性。

2014年1月16日，中国互联网络信息中心在京发布第33次《中国互联网络发展状况统计报告》。该《报告》显示，截至2013年12月，中国网民规模达到6.18亿，互联网普及率为45.8%，其中手机网民为5亿，中国互联网发展主题已经从“普及率提升”转换到“使用程度加深”。（以上部分资料参考中国互联网络信息中心发布的《中国互联网发展大事记》）

互联网是社会的一面镜子

随着互联网在社会生活中发挥越来越大的作用，互联网的负面效应也开始显现。尤其是近年来网络诈骗、网络暴力和网络涉黄等事件的增多，很多人开始对互联网的作用产生质疑，觉得互联网使社会在某些方面变得很坏、很糟糕。其实，互联网是社会的一面镜子，社会是什么样，它就是什么样。互联网对上网的人没有任何限制，也不需要任何许可，只要条件允许，每个人都可以上网，所以社会上有什么样的人，网上就有什么样的东西。有高尚的人，就反映高尚的东西；有低俗的人，就反映低俗的东西。互联网本身是中性的，不选择，不排斥。所以在国外，互联网界有一个共识的说法，叫“互联网中立”。

我们有的时候会提出互联网有罪，互联网应该受罚。对于互联网的罪与罚，我觉得这个提法本身就很可笑。如果说互联网有罪与罚，那么电话也有罪与罚，传真机也有罪与罚……所有的现代技术都既有好的一面，也有坏的一面，都是双刃剑。既然我们能通过网络获取所需要的知识，促进与他人的交流，获得最大的方便，那么罪犯如果想犯罪，也可以很容易达到目的，也可以通过网络获得最大方便。所以说，互联网本身只是一个工具，不具备正义或罪恶的社会属性。

不管对于哪个国家或政府，如果想把网络治理得绝对干净、没有任何负面的东西，都是不太容易做到的。只要社会上有负能量的东西，它就一定会反映到网络上面去。我们只能寄希望于我们的社会越来越趋向于实现公平正义，社会上正能量的东西才会越来越多，积极的东西才会越来越多。网络对于依法治国，实现公平正义，无疑具有强大的人民监督作用。而网络的内容也一定会如实反映社会的进步。尤其是弱势群体中的年轻人，如果社会能为他们提供更加平等的机会接受良好的教育，在社会里找到适合自己的位置，就等于为网络的正能量增添了力量。

总之，网络会在依法治国中发挥人民监督的强大作用，随着依法治国取得成效，网络内容也会越来越积极正面，对社会的促进作用也会越来越大。

网络监管和网络安全问题

虽然说互联网中立，互联网是社会的一面镜子，反映的东西由社会上已存在的东西所决定，但是作为国家政府部门，对网络进行监管、保证网络安全还是极其重要的。近年来随着网络在社会监督问题上发挥越来越大的作用，政府也更加重视互联网，不仅在加强互联网监管方面频出举措，对网络安全问题也更加重视。

先说网络监管。虽然网络监管是维护网络安全、保护网络上公共利益的重要手段，但是很多人对政府介入网络管理存有异议，认为政府对网络的监管是一种对自由的干涉。其实，网络监管、保障网络安全是国际通行的做法，不管美国也好，其他西方发达国家也罢，对网络进行监管，事实上都是一直在做的。以美国为例，他们有正式组建的网络战争司令部。他们宣称，网络战是今后战争的主要形式和最高形式，网络战是统率陆、海、空和宇宙四种形式的最高形式（宇宙就是宇航、宇宙飞船之类的，这些宇宙飞船也有可能用于战争）。所以，他们成立正式的网络司令部，有网络的军队，还定期举行演习、设立攻击的靶子等。对于网络战这件事情，美国基本上是光明正大进行的。比如就监听民众电话这件事，美国过去就公开讨论过，很多人坚决反对，说不能监听，监听侵犯民众的自由。但后来为了国家安全，这项议案还是通过了。在“9·11”恐怖袭击事件以前，互联网世界流传着一种说法，说互联网不属于国家，互联网的建立本身是超越国家的，所以互联网世界不需要政府来干预。可是“9·11”恐怖袭击事件以后，这种观念发生了很大变化，很多人认识到，网络上的恐怖行为和犯罪必须要政府来监管。后来人们都认可了这个事实，并取得国际的共识，即政府有责任监管，但要依法监管，在法律允许范围内来监管，而不是说某个人想怎么管就怎么管，必须有法律的依据。

再说网络安全。现在每个国家都在网络安全维护上投入很多力量，但是也不能很确定地说就能保证一个国家网络绝对安全。美国国防部应该算是力量非常强大、技术水平非常高的部门，但它都不能保证和美国国防有关的所有信息技术和相关设备都审查检测得非常干净，不会有人在里面放置后门或者是设置间谍，他们也承认这是很难做到的。为什么？因为现在所有的产业链都是全球化的。比如一台计算机，虽然看起来是中国制造，但是里面千奇百怪的零件中，可能有一个很小的螺丝钉就不是中国制造，就这一个小螺丝钉，可能就存在某种危险。当然也不一定说只有外国的产品才危险，中国自己制造的就不危险。很多在中国生产的东西，同样也可能存在某种风险。因为现在这个时代，不可能所有你需要的东西都自己在屋子里制造出来，整个世界是在一个国际化、全球化的产业链基础上发展起来的，如果封闭自己，就成不了产业链，就会大大地落后。所以，不光我们中国现在做不到，其他国家也不一定能做到保证网络绝对安全。

要想解决这一问题，最重要的是做到在关键的地方、关键的系统、关键的技术部位我们能自主可控，这是我们国家现在非常重要的一个课题，也是国际上都力图攻克的一个难题。更重要的，还是要发展有效的检测手段和严格的制度，使威胁安全的东西及时被揭发出来。

我国互联网的技术创新能力

中国加入世界互联网后，我们有许多机会出去参加国际上的互联网大会，特别是 IETF 大会（IETF，即 Internet Engineering Task Force，互联网工程任务组，成立于 1985 年底，是全球互联网最具权威的技术标准化组织，主要任务是负责互联网相关技术规范的研发和制定，当前绝大多数国际互联网技术标准出自 IETF）。大概 2000 年以前，在 IETF 开会的时候，中国人去的很少，即使去了也就是做个观察员，到那儿看看，听听人家在讨论什么，我们没有发言权，我和我的年轻伙伴们都没有发过言。不是人家不让我们发言、不许我们发言，而是我们自己根本没什么东西可说。当时去的，一般都是中国的大学或中国科学院的人，没有任何中国企业。这和世界上其他发达国家的情况非常不一样，很多国家的企业都非常重视 IETF，为了去参会简直全力以赴。比如做服务器、交换机最厉害的思科（CISCO），每年派大量的人员参会，非常重视对 IETF 的参与，而 20 年前，中国的企业却几乎没有人参与 IETF。

中国接入世界互联网后，尤其是 2000 年以后，我们的情况逐步发生了很大的变化。现在，世界上任何一个地方举办 IETF 会议，我们中国大陆派出的代表差不多都会达到 100 人以上。而且这 100 多人的团队，主要来自像华为这样的企业。以华为为例，美国人现在非常害怕华为，称华为为中国的思科。这就说明，我国的企业已经开始进入创新主体的地位，他们有能力去参与 IETF，有能力去与其他国家做互联网创新方面的技术交流，我们的技术也可以成为国际标准。

迄今为止，据我所知，由中国人在 IETF 会议上讨论提出并形成国际标准的技术创新，已经超过十个。比如用汉字作为域名，就是以中国专家们为主形成的一个创新成果。现在的中国域名，不只可以写成 . CN，还可以写成 . 中国，直接用汉字做域名。当然，其他国家也可以，印度人可以直接用他的印度文字，阿拉伯人可以用阿拉伯文字……不只有拉丁字母才可以做域名，各国的语言文字都可以直接做域名。这个是一个很大的技术难题，而我们完成了这一技术跨越。

再比如，清华大学提出了可溯源的 Ipv6 域名方面的技术创新。全球网民人数发展到这么多，使得原来的域名已经不够用，那就要开辟新的 Ipv6 域名。清华大学为此提出了三项或四项核心技术。但新的域名涉及安全方面的问题，是可以溯源的技术（比如可以追踪到这个邮件是谁发的）。刚开始在 IETF 会上提出这样的技术标准时，清华大学受到了全世界的反对。反对者认为，这只不过是为了帮助政府监视互联网。最后，清华大学通过努力，说服了与会的各个国家，使他们意识到，这项技术不仅是中国需要，对全世界也是需要的，对全球互联网的安全是大有好处的。最后，其他国家接受了我们的意见，这项技术标准得以立项。现在，这项标准已经成为国际标准。

总而言之，从创新角度来讲，我们的创新幅度与其他国家相比可能还相对较小，但我们的进步空间是很大的，我们毕竟在一点一滴地前进。人的进步不是一蹴而就的，国家的进步也是，我们应该允许它有一个渐进的过程。我们应该相信技术创新的进步，会与社会的整体进步相适应，并在时机成熟的时候绽放出灿烂的花朵。

中国高速铁路成功之路

孙永福 口述　高芳 整理

从1990年12月铁道部写了《京沪高速铁路线路方案构想报告》提交七届全国人大三次会议讨论，到2008年1月份京沪高速铁路正式开工，整整走过了18年。

中国铁路自20世纪90年代开始，在借鉴世界高速铁路经验基础上，通过原始创新、集成创新和引进消化吸收再创新，实现全面自主创新，建立了高速铁路技术体系，取得了高速铁路设计、施工、运营一系列重要成果，走出了一条发展高速铁路的成功之路。

什么是高速铁路?

先介绍两个概念。关于什么是高速铁路，国际上并没有统一定论，但有一点共识，就是主要以速度来决定。改革开放以前我国铁路最高速度是120km/h，属于中低速。日本把铁路列车在主要区间以200km/h以上速度运行的干线铁道（新干线）称为高速铁路。联合国欧洲经济委员会规定（1985 年 5 月），客运专线 300km/h 以上、客货共线 250km/h 称为高速铁路。国际铁路联盟（UIC）规定，新建铁路运营速度达到 250km/h 以上、既有线运营速度达到 200km/h 及以上均为高速铁路。我国铁路专家比较倾向 UIC 标准，后来结合中国实际情况作出新的定义。2013 年 1 月铁道部令第 034 号《铁路主要技术政策》将高速铁路界定为：新建设计开行 250km/h（含预留）及以上动车组列车、初期运营速度不小于 200km/h 的客运专线铁路。现在公布的我国高速铁路里程都是新建铁路。

有人认为，动车组就是高速铁路，其实不然。动车组是由动力车和拖车组成（或全部为动力车）长期固定地连接在一起的列车。有高速动车组，也有普速动车组，有电力动车组，也有内燃动车组。按照动力分布来看，动车组分为动力集中型和动力分散型两种。所谓动力集中型，是指动力设备和电器设备集中装在位于动车组两端的动力车上，只有动力车的轮对是受电机驱动的动力轮对。也就是说，两端各有一节车头，车头上只装设备不载客，后面车辆没有动力，是拖车，只有拖车载客。动力分散型则不同，电机驱动的动力轮对分散布置在全部动车组或大部分动力车上，电机等挂在车轴下面。动力分散型动车组全部车辆（动力车和拖车）均可载客。动力分散型动车组可以根据速度需要配备动力，这就使动力配备更加灵活、更经济合理。现在，我国高速铁路运行的是动力分散型动车组。但是高速动车组也可以下线运行在普速线路上。有的铁路也有动车组运行，但不是高速动车组，如北京八达岭线（S2）是动力集中型内燃动车组。

发展高速铁路是必然趋势

我国为什么要发展高速铁路？很多人都问过这个问题。我认为，最大动力是需求牵引加创新驱动。

随着我国经济持续快速增长，全社会客货运输需求旺盛。发展高速铁路，形成大能力客运通道，可从根本上解决旅客购票难问题，为人民群众提供安全、快捷、经济、舒适的服务。同时，也可使既有线货运能力得到释放，缓解货运紧张状况。这是完善全国铁路网、实现铁路现代化的重要举措。我国铁路运能一向紧张，旅客买票很难，节假日更是难上加难。虽然把单线改造成复线，再加上电气化，可使运能有一定提高，但不能从根本上解决运输紧张问题。客车货车要求不同：货物列车不要求跑太快，但希望拉得多；旅客列车希望跑得快，能早点到达。这就给曲线轨道超高设置带来困难，因为曲线轨道欠超高会影响旅客列车的舒适度。客货列车速差增大，也会影响线路的通过能力。解决旅客运输的根本出路还是要加快铁路网建设，在繁忙干线上实现客货分流。

从可持续发展的要求来看，高速铁路在节能减排方面具有明显优势，是发展绿色低碳交通运输的必然选择。欧洲很重视这方面的研究，他们对航空、公路、铁路三种交通工具进行比较，认为铁路的能源利用效率是最高的。1995 年对欧洲 17 国交通运输业外部成本进行统计，外部成本总额为 5300 亿欧元（不含交通阻塞），其中包括应对大气污染和气候变化的费用（占 48.3%）、处理交通事故（占 29.4%）、应对自然景观和城市影响（占 4.7%）、从源头上治理环境污染和交通事故（占 10.7%）。各种运输方式外部成本所占比例分别为：铁路占 1.94%，公路占 91.51%，航空占 6.1%，水运占 0.45%。按单位周转量计算，铁路客运外部成本为最低。国家发改委能源研究所 2005 年对中国各种运输方式能源利用率比较结果表明，在旅客运输中人均能耗最低的是铁路，约合41.5千卡/人公里。营业性汽车约155千卡/人公里，是铁路的3.7倍。航空为481千卡/人公里，是铁路的11倍。小汽车能耗更高，约为950千卡/车公里。中国各种运输方式用地运输效率比较（2010年）显示，我国每公顷铁路用地客运周转量为164.8万人公里，每公顷公路用地客运周转量为29.13万人公里，铁路为公路的5.66倍；每公顷铁路用地货运周转量为518.92万吨公里，每公顷公路用地货运周转量为84.16万吨公里，铁路是公路的6倍。不论是客运或货运，铁路用地运输效率都比公路高很多。我国石油对外依存度很高，铁路可以使用电力，减少CO_2排放，减轻石油供应压力。

发展高速铁路还可以培育具有发展潜力的战略性新兴产业。高速铁路涉及材料、机械、电子、信息、环保等一系列高新技术领域，形成了一个庞大的高新技术研发制造产业链。现在全国有22个省的几百家企业在从事与高铁相关的生产，发展高速铁路可带动上下游产业的协同创新及产业集群的快速发展。

另外，高速铁路对经济社会发展能产生巨大的拉动效应。中国大陆人口众多，幅员辽阔，资源能源与产业布局不均衡。发展高速铁路，可以建立长距离、大运量、高速度、低成本的运输通道，充分发挥高速铁路对区域经济社会发展的拉动效应、集聚效应和扩散效应，有利于调整经济结构，转变经济发展方式，加快工业化、城镇化步伐，促进区域经济社会协调发展。2008年北京到天津的城铁开通后，同城效应凸显，改变了人们固有的时空观念，过去不可能办到的，现在变成了事实。

铁道部部长李森茂、韩杼滨、傅志寰等几届领导班子成员都一致认为，中国需要发展高速铁路。把高速铁路作为中国铁路发展战略的重要组成内容，作为中国铁路现代化的必由之路，坚持不懈地积极推进。20

世纪90年代初，我们还没有来得及构想中国高速铁路网，先提出了建设京沪高速铁路这一个项目。京沪铁路连接环渤海和长江三角经济圈两个经济区域，全线纵贯京津沪三大直辖市、冀鲁徽苏四省，整个区域面积占国土面积6.5%，人口占全国26.7%，人口100万以上城市11个，国内生产总值占全国43.3%，是中国经济发展最活跃和最具活力的地区，也是中国客货运输最繁忙的地区。我们认为京沪高速铁路应该做首选建设项目。从1990年12月铁道部写了《京沪高速铁路线路方案构想报告》提交七届全国人大三次会议讨论，到2008年1月京沪高速铁路正式开工，整整走过了18年。这个时间的确太长了，但这段时间没有白过，我们对高速铁路技术研究更深，为后来优质高效发展打下了坚实基础。就在2008年8月喜迎奥运会召开之际，我国第一条高速铁路——京津城际铁路开通，标志着中国进入了高铁时代。

孙永福同志在大桥工地检查工作

高铁技术的研究历程

我把中国高铁技术研究分为三个大阶段。第一阶段就是工程技术研究阶段（1990—2002）。这个时期主要是跟踪世界高速铁路技术，并开展高速铁路基础性研究。

铁道部刚一提出修建京沪高速铁路构想时，外界就有了反应，一些专家有不同看法。于是，1993 年 4 月由国家科委、国家计委、经贸委、体改委和铁道部（简称“四委一部”）联合开展了一个课题研究——《京沪高速铁路重大技术经济问题前期研究》。1994 年 12 月以后，开展京沪高速铁路预可行性研究，一面研究高速铁路有关专项技术，一面进行京沪高速铁路勘测设计，组织出国考察、技术交流、科技攻关、科学试验等等。1997 年完成了京沪高速铁路预可行性研究，编制了《新建北京至上海高速铁路项目建议书》。报上去很长时间，国务院没有批复。对要不要建京沪高速铁路，仍有不同看法。1998 年以后又提出了新问题：京沪高速铁路是采用轮轨技术，还是采用磁浮技术？争论也很激烈。1999 年 10 月铁道部成立京沪高速铁路办公室，由我兼任办公室主任，加强京沪高速铁路前期工作，积极组织研讨、论证，推动高速铁路技术研究，优化京沪高铁设计。

由于存在不同意见，国务院没有作出决策。但是铁道部的高铁技术研究工作一直没有停止，组织各方面科研力量全面深化高铁技术研究。截至 2003 年，完成高速铁路科研项目 353 项，其中铁道建筑及设备 115 项，机车车辆及供电 121 项，通信信号 54 项，运输经济 43 项，新材料新工艺 10 项，综合技术 10 项。有些成果已应用于既有线路提速和客运专线建设。应该说，深化研究成效显著，使我们逐步掌握了高速铁路技术。

第二阶段是重大技术突破阶段（2003—2007）。我们在提出《京沪高速铁路设计暂行规定》并完成京沪高速铁路初步设计之后，组织国内专家多次研讨修改，并请日、德、法等国的高铁技术专家进行国际咨询。同时在既有线 6000km 提速地段进行了提速试验，速度达到 200km/

h。高速铁路重大技术陆续取得突破。2007 年 8 月国务院批准京沪高速铁路可行性研究报告。

从 2008 年至今，中国高速铁路进入了跨越式发展阶段，也即第三个阶段。这期间，成功建成了北京到天津的城际铁路及其他干线高速铁路，一批 200～250km/h 及 300～350km/h 的高速铁路陆续开通运营，表明我国高速铁路技术总体上已跨入世界先进行列。大规模修建高速铁路新高潮逐步形成。2010 年 10 月 26 日沪杭线最高试验速度达到了 416.6km/h，2010 年 12 月 3 日京沪线最高试验速度达到 486.1km/h，高速铁路技术成果通过了实践检验。

争论一：要不要修建高速铁路？

有关高速铁路的争论很多，主要集中在三个问题上。第一个就是要不要修建高速铁路。对于铁道部提出的京沪高速铁路线路方案构想，有些专家不赞成。有的专家说既有京沪线技术改造潜力还很大，不需要新建铁路。这个看法不符合实际，20 世纪 90 年代京沪线运输能力使用达到了 98%，部分区段运输能力使用在 98% 以上，已经饱和甚至超饱和了。也有专家认为，高速铁路不符合中国国情。中国经济不发达，人均 GDP 远未到 1000 美元，消费水平低，老百姓坐不起。针对这些意见，1993 年 4 月，“四委一部”联合课题组就京沪高速铁路重大技术经济问题开展项目前期研究，共有 47 个单位 120 余位专家参与。研究结果认为，中国不仅需要修建高速铁路，而且技术上是可行的，经济上是合理的，资金筹措是可能的。

1994 年 6 月 8 日，江泽民总书记在中南海勤政殿主持召开中央财经领导小组会议。铁道部部长韩杼滨和我到会把“四委一部”的研究成果简要地作了汇报，同时也汇报了铁道部的态度，我们认为修建京沪高速铁路很有必要，也有技术和经济实力。最后江泽民总书记在讲话中指出，这份研究报告很有意义，中国应该发展高速铁路，修建京沪高速铁路是有必要的。同时也指出，这不是说马上就可以干，还有很多准备工作要做，需要开展预可行性研究。可以说，这是中央领导层首次就发展高速铁路明确表态。

孙永福同志在铁路建设现场看望参加机车运行试验的科技人员

1996 年铁道部完成了“预可研报告”，1997 年国家发改委又要求铁道部和中国国际工程咨询公司作了“补充报告”。在“预可研报告”和“补充报告”的基础上，形成了《新建北京—上海高速铁路工程项目建议书》，报送国务院。

1997 年 12 月 26 日，朱镕基副总理视察京九铁路时，在专列上同我谈京沪高速铁路建设。朱镕基副总理强调，一定要充分论证，听取各部门不同意见和不同方案，不能够仓促上马。要用世界先进技术，不能跟在别人后面跑。朱镕基副总理要我先搞一个机构，花三年时间开展准备工作。他语重心长地说，这是一个重大的战略决策，一个重大的历史事件，将载入史册。

争论二：磁浮还是轮轨？

1998 年，中科院有院士致函朱镕基总理，建议京沪高速铁路不要采用传统的轮轨技术，而应采用速度更快的磁浮技术。对于磁浮技术，我知道一些情况。20 世纪 90 年代以后，我曾率团考察日本、法国、德国、意大利、西班牙等国的高速铁路，也考察过德国常导磁浮（EMS）和日本超导磁浮（EDS）铁路。当时我国研究磁浮技术的主要有四个单位——铁道科学研究院、西南交通大学、国防科技大学和中国科学院电工所。我同这四个单位的专家教授多次进行交流，共同探讨这个问题，并带领由这四个单位专家教授组成的考察组再次赴德国考察。2000 年我们获悉，德国政府原计划修建的柏林至汉堡磁浮线（292km），虽经多年准备，终因旅客流量少、投资增加多而宣布取消。后又提出 3 条连接火车站和机场的短线，至今一条也没有修建。2002 年 10 月我参加在西班牙举行的第四届世界高速铁路大会后，再次对磁浮技术进行过调研。

国际上最有代表性的是德国的常导磁浮和日本的超导磁浮。几十年来，德国常导磁浮和日本超导磁浮都建设过多条试验线，但始终没有建设商业运营线路。美国成立了磁浮铁路公司，但也只是挂牌而已，没有具体工程项目。可见，高速磁浮技术真正变成工程实践有多艰难。

简单地说，磁浮技术利用的是异性相吸、同性相斥的电磁感应原理，以直线电机驱动车辆，运行时车体悬浮或吸浮于导轨上面，并保持一定间隙。在控制悬浮、导向的同时，直流电机驱动车辆前进。磁浮技术最大优点就是速度比轮轨快。日本低温超导磁浮为排斥型（EDS），可使列车悬浮高度达 10 厘米，最高速度 500km/h。德国常导磁浮是吸力式（EMS），吸浮高度为 1 厘米，最高速度 430km/h。磁浮技术优势还表现在爬坡能力强，纵坡可以达到 10%，曲线半径小，容易转弯。半径小、坡度大对铁路选线很有利，修建时可少受地形影响，能够减少工程量。另外，因为没有轮轨之间摩擦打击声音，同样速度下磁浮列车噪音稍低些，安全舒适度更好。

然而磁浮技术的缺点也是显而易见的，最主要的问题就是没有投入实际运营。德国埃姆斯兰磁浮试验线 TR 型常导磁浮列车是对外开放的，世界各地的人感到好奇，都可以买票坐一趟。全程 31.5 公里，南北为环线，只有中间直线段 6km 能跑到 430km/h，时间只有 6s，然后马上就减速了。每天只运行几趟，其余时间为分析试验数据，进行设备检查。日本山梨磁浮试验线 18.4 公里，MLX 型超导磁浮列车最高速度 500km/h，直到今天都没有商业运营，只是展示高速成果而已。我们考察的时候得知，他们技术上还有一些问题，有待深化研究。另外，磁浮技术的造价要比轮轨高，还有就是它和现有轮轨体系的兼容性差，比如说修了北京至上海磁浮铁路，那么从上海到东北或到西北去的旅客，必须要换乘别的轮轨技术列车才能到达，这就给旅客带来不便，也会因此丢失一部分客流。

调查后，我专门写了这方面的文章，论述磁浮和轮轨两种技术的优劣。2000 年 6 月 12 日下午，铁道部、科技部、国家计委、中国科学院、中国工程院、中国国际工程咨询公司等部门有关同志到朱镕基总理办公室，研究京沪高速铁路问题。总理让我先汇报。

我汇报了磁浮技术与轮轨技术各自优缺点之后，表明了铁道部的态度，就是建议采用轮轨技术。轮轨最大优点是技术成熟、安全可靠、互通性好。从 1964 年 10 月 1 日东海道新干线开通运营，日本新干线都是采用这种制式，不断发展提高，一直保持着良好水平。20 世纪 70 年代以后，法国搞了 TGV，德国搞了 ICE，后来意大利、西班牙等国家也修建了高速铁路，都是采用轮轨技术。所以说，轮轨技术能够保证安全、准时、高速，可以跨线运行。磁浮技术速度更快，而且具有爬坡能力强、曲线半径小等优势。在京沪高速铁路采用磁浮技术，我们最担心的是没有实践经验，因为德国、日本都没有把磁浮技术投入商业运行。磁浮列车救援方案有待完善，形成磁浮网络难度很大。如果我们把磁浮技术直接用在长达1300多公里的京沪高速铁路上，技术风险、经济风险太大了。因此，建议京沪高速铁路采用轮轨技术。对于磁浮技术可以进行跟踪，先在经济发达的大城市修建一条运距较短的示范线，经过商业运营验证稳定可靠以后，再视情况扩大范围。

2000年6月，朱镕基总理访问德国。张国宝、徐冠华和我作为先遣团成员，提前去考察德国第三代高速列车ICE3（330km/h）以及德国埃姆斯兰TR型常导磁浮列车试验线（31.5km，430km/h）。我们同德国磁浮公司（TRI）商谈合作事项，德方表示了极大的热情。后来上海市市长徐匡迪到德国汉堡参加世博会时，与德国磁浮公司（TRI）总经理Wahl签署协议，中德同意合作开展上海市磁浮列车示范运营线（约30km）可行性研究，为上海市陆家嘴至浦东机场磁浮示范工程作了准备。

同年10月，朱镕基总理访问日本。张国宝、徐冠华、屠由瑞和我作为先遣团又去“打前站”。我们先后考察了日本东海道新干线700系列（270km/h）、山阳新干线（300km/h）、山梨MLX型超导磁浮铁路试验线等。日本MLX低温超导磁浮列车最高速度500km/h，相会速度是1006km/h。但也只是18.4公里试验线路，他们还在继续努力降低能耗、降低噪音。近来，日本报道了磁浮中央新干线计划，2027年从东京修到名古屋，2045年修到大阪。我跟日本朋友说，在中国要这么干肯定行不通。几十年以后，技术进步不知道会到什么程度。

到2002年11月18日，铁道科学研究院组织召开中德高速铁路轮轨技术与磁浮技术研讨会，对有关磁浮技术进行了深入交流。国家计委委托中国国际工程咨询公司对轮轨技术与磁浮技术进行论证，得到的结论是：高速轮轨技术是现阶段的必然选择。发改委将此意见上报国务院。2004年1月7日，温家宝总理主持国务院常务会议，批准京沪高速铁路采用轮轨技术。多年争论总算有了定论。

争论三：要不要引进动车组技术？

到21世纪初，我国已有大量的高速动车组技术研究基础，制造出了不同型号高速动车组，包括先锋号（动力分散型动车组，200km/h）、中原之星（动力分散型动车组，200km/h）、中华之星（动力集中型动力车，270km/h，最高试验速度321.5km/h），等等，大长了中国人的志气。2002年11月27日，我们到秦沈客运专线准备乘坐“中华之星”试运行。后因发生轴温过高事故，改乘“先锋号”动车组在山海关至绥北段试运行。这件事使我们感到动车组技术还存在一些值得改进的问题。

大家都在思考这个问题，怎样才能尽快赶上国际先进水平。可以走以往的路子，但是耗时要长一点，因为这是一个系统工程，不是单项技术问题。当时我国已经形成了自主研发机车车辆工业体系，制造水平有很大提高，但是总体水平只相当于发达国家20世纪70年代水平，高速关键技术还不成熟，材料工艺都有待提高，难以满足250km/h以上要求。另一条路就是引进动车组技术，以此作为平台，实现再创新。

在引进动车组技术上争论非常激烈。有些专家给国务院写信，呼吁支持民族工业，完善提高“中华牌”，而不应引进外国动车组技术。对于这个问题，党中央、国务院十分重视，多次听取专家意见，最后作出重大决策，同意引进动车组技术，通过引进掌握200km/h及以上动车组生产核心技术，兼顾开发300km/h动车组①。引进技术总体要求是：引进先进技术，联合设计生产，打造中国品牌。这三句话非常精辟，对技术引进成功起了决定性作用。实践证明，这个决策是完全正确的。

高铁论证时期的三大工程实践

虽然有关京沪高速铁路的争论持续多年，但我们该做又能做的事情没有停滞。这期间，铁道部在深化高速铁路技术研究的同时，组织进行了三大工程实践。

第一个是广深准高速铁路。广州到深圳既有线全长147公里，地处改革开放前沿，客流增长非常快。这条铁路建成于1911年，技术标准低、设备也简陋，1987年复线技术改造后，仍不能满足运输需求。经过一段时间技术研究和勘察设计，铁道部提出了提速扩能方案，1992年9月国务院批复了广深准高速铁路技改可研报告。1994年12月23日广深准高速铁路开通运营，把中国铁路干线运营速度从120km/h提高到了160km/h，这在当时是最快速度，为广州、深圳间旅客往来提供了快速、

① 《2004年4月9日国阅58号文研究关于机车车辆装备有关问题的会议纪要》

便捷的运输，取得了良好的经济效益和社会效益。更为重要的是，它开创了我国铁路大幅度提速的先河。

第二个是既有线大面积提速。从 1997 年至 2007 年先后有六次既有线改造提速，主要干线最高运行速度从 120km/h 提高到 140km/h、160km/h、200km/h（少部分区段达到 250km/h）。120km/h 以上的提速线路总里程达 2.2 万公里。铁道部把为京沪高速铁路研究的部分技术和设备应用到这些线路上，让这些新技术、新设备在实际运营中经受检验。开行了一站直达、夕发朝至、朝发夕至旅客列车，使大城市之间列车运行时间大幅度压缩。同时，将货运列车速度由 80km/h 提高到 120km/h，开通了“五定”（定点、定线、定车次、定时、定价）班列，提高了运输效率和质量。

第三个是新建秦沈客运专线。为缓解进出关能力不足问题，在既有铁路沈山线运能已经饱和的情况下，需要建设新的干线。对于这条新线方案，有的说再修一条客货混跑的线路，有的说应修货运专线，也有的说应修客运专线。铁道部经过充分论证，从“客运快速化”发展战略出发，决定修建客运专线（全长 404.6km）。设计之初，铁道部就想把目标定在 200km/h，鉴于当时京沪高速铁路尚未获准建设，所以 1998 年铁道部在秦沈客专可行性研究报告中把速度定在 160km/h 以上，没有出现“高速铁路”这个敏感词语。1999 年 4 月国务院批准新建秦沈铁路客运专线可研报告，行车速度定为 160km/h 以上。秦沈客运专线 1999 年 8 月开工建设，2003 年 1 月开通运营，不仅在桥梁、路基、轨道等工程技术方面取得了新成果，而且在运输组织方面也总结了新经验。经过这次重要的工程实践，为我国后来建设 300 ~ 350km/h 高速铁路提供了重要平台。

记得20世纪90年代末，很多媒体记者采访我时都会问：中国高铁采用哪一个国家的制式？是日本的新干线、法国的TGV，还是德国的ICE？我说中国不会照搬哪一个国家的高铁技术，一定是中国模式。

规模之大、速度之快绝无仅有

1999年至2000年，铁道部在研究编制“十五”规划时就提出一个想法：不能只搞五年规划，应该把眼界放长远一些，对未来20年铁路网有个总体考虑。于是有了2020年铁路网规划，即《中长期铁路网规划》，2004年经国务院批准正式公布。

这是我国第一个中长期铁路网规划。规划明确中国铁路发展的主要目标是：扩大路网规模，完善路网结构，提高路网质量。同时，确立了“客运高速化，货运重载化，管理信息化”这一战略方向。在研究高速铁路规划时特别强调，根据国家经济社会发展需要在运能紧张的繁忙干线实现客货分线，在经济发达、人口稠密的地区修建城际铁路，加强区域之间便捷客运通道建设，使高速铁路网与其他运输方式协调、衔接，在综合客运网中发挥骨干作用。我们研究了高速铁路网总规模，确定以北京、上海、广州、武汉、成都、西安这六个城市作为路网性客运中心，以100万人口以上的城市和省会城市为路网区域性客运中心，城市群内城际铁路可以连接人口超过50万的大城市。

中长期铁路网规划公布后引起了强烈反响。各地修建铁路积极性特别高，很多省都要求修建高速铁路。有的省长、省委书记看到别的地方有高速铁路规划就急了，纷纷找铁道部要求增加新线，并表示省里可以出钱，在征地拆迁等方面全力支持。于是，2007年对这个规划进行了修改。2008年经国务院批准颁布了调整规划，最为显眼的是铁路网规模大幅度增加了，其中客运专线从1.2万km增加到1.6万km。

从2020年铁路网规划可以看出，我国高铁建设规模大、标准高。从规模上讲，新建干线高速铁路达到1.2万km以上，城际铁路7000km左右，规模达1.9万km/h。从标准上讲，规划新建长大干线高速铁路按350km/h建设，部分以客为主兼顾货运的铁路干线按200～250km/h建设。这样宏伟的发展规划在世界上是绝无仅有的。

高速铁路规划突出“四纵四横”大通道建设。“四纵”就是北京—哈尔滨（350km/h）、北京—上海（350km/h）、上海—深圳（250～350km/h）、北京—广州（350km/h）。“四横”是指青岛—太原（250km/h）、徐州—兰州（350km/h）、上海—成都（200～350km/h）、上海—昆明（350km/h）。这“四纵四横”构成了高速铁路网主骨架。在这个基础上，进一步扩大高速铁路覆盖范围，新建有效缩短大城市间距离的高速铁路，如兰州—乌鲁木齐、大同—西安、西安—成都、成都—贵阳、重庆—贵阳、昆明—南宁、北京—沈阳、合肥—贵阳、贵阳—广州、南宁—广州等，以促进区域协调发展。

在经济发达和人口稠密地区的城市之间建设城际铁路，这也是规划的一个特点。如环渤海城市群、长三角城市群、珠三角城市群、海峡西岸城市群、武汉城市群、成渝城市群、长株潭城市群、关中城市群、郑州城市群、北部湾城市群、海南环线等。此外，新建和改造省会等大城市铁路客运站，与地铁、公共汽车、民航等交通实现无缝衔接，构建现代化综合交通枢纽。

“十一五”期间，我国建成客运专线4322km。目前，我国高铁运营里程达1.18万km，超过世界其他国家高铁运营里程总和，另有在建高铁1.1万km，现在全路每日开行动车组列车达2600多列，成为世界上高铁运营里程最长和列车开行数量最多的国家。2013年动车组旅客发送量达6.7亿人次，同比增长32.1%；2014年1月至7月，动车组旅客发

孙永福（中）视察天兴洲长江大桥

送量达5.0亿人次，同比增长33.7%。2015年，预计我国高速铁路运营里程将达到2.0万km。

创出中国模式高铁发展之路

记得20世纪90年代末，很多媒体记者采访我时都会问：中国高铁采用哪一个国家的制式？是日本的新干线、法国的TGV，还是德国的ICE？我说中国不会照搬哪一个国家的高铁技术，一定是中国模式。我们的指导思想就是：以我为主，博采众长，瞄准世界一流水平，发挥后发优势，实现“弯道超车”，创出中国高速铁路发展新路子。

中国高铁技术创新模式，可以概括为五句话：政府部门统筹，市场机制引导，以企业为主体，产学研相结合，协同创新、开放创新。这里我想特别说一下政府的作用。发挥社会主义制度优势，集中力量办大事，这是我国高速铁路成功的重要法宝。中央政府主管部门采取了很多措施，整合各方资源，形成市场优势、资金优势、联合优势，有序推进自主创新，完全避免了低水平、重复性的研究开发。在一次全国政协常委会议上，一位核电公司老总充分肯定了高铁技术引进的成功之举。他认为许多行业在技术引进方面缺乏统筹，各自为政，多年未能形成中国技术体系，教训极其深刻。可以说，在高铁技术引进方面，政府作用发挥是得当的。

国务院研究同意引进高铁技术，并提出了明确要求："引进先进技术，联合设计生产，打造中国品牌。"这就为成功引进高铁技术指明了方向。2004 年初夏，铁道部向外界宣布：中国铁路市场只有一个入口，只有一个买主，那就是铁道部。要想进入中国铁路市场的外国朋友，必须承诺全面转让关键技术、同中国设计企业合作、使用中国品牌、实行本土化生产。由于中国铁路是个大市场，需求量大，吸引力强，谁都不愿意错过这个大好机遇，所以外国厂商积极参加投标、合作。

2004 年第一次招标时，有法国阿尔斯通、德国西门子、瑞典庞巴迪、日本川崎重工（实际是日本六家企业联合，由川崎重工出面）这四家公司参加投标。当时西门子公司决策层错判了形势，他们认为中国铁路离不开他，所以就漫天要价，一列原型车要 3.5 亿元人民币，技术转让费要 3.9 亿欧元。中方提出，这个价格太高，必须降价。对方没有积极回应。鉴于西门子公司要价太高，在技术转让上设置障碍，不符合招标要求，中方没有接受。西门子公司跟踪中国铁路市场十多年，结果在第一轮竞争时就被淘汰了，受到很大震动。2005 年铁道部启动第二次招标时，西门子公司放下身段，承诺中方招标条件，联合唐山轨道客车公司参加投标。西门子公司把他最先进的车型拿了出来，以每列原型车 2.5 亿元人民币、技术转让费 8000 万欧元的方案最终中标。仅此一项，同此前一年西门子公司要价相比，中方就节省了 90 亿元人民币采购成本。在按照市场规则竞争选择中，发挥我们制度的优势，确实起了很好的作用。

可以说，高速动车组技术经过了引进技术（200～250km/h）——

自主创新（300～350km/h）——再创新（380km/h）三个阶段。在引进西门子公司300km/h动车组技术基础上，中国自主研发、设计、制造380km/h动车组。短短几年时间，我国高铁技术已从“跟跑”提升到“陪跑”，再跃为“领跑”，走向世界最前列。

大家很关心中国高铁技术是不是有自主知识产权，可以肯定地说，我们拥有知识产权。前几年铁道部组织过一个调研，30家高铁有关企业约1147项技术，自主创新占到80%以上。只有少数部件如列车牵引制动控制系统、神经网络及车轮、车轴等需要进口，而且不久之后也将会有我国自己研发的替代产品。现在正在研发350km/h中国标准动车组，将推出自主化、简统化动车组，在世界上展示动车组的中国标准。

评价高铁要重视综合效益

许多人对高铁效益十分关注。我认为，评价高铁项目效益如何，不仅要看项目本身的经济效益，而且要重视项目带来的社会效益和环境效益，用高铁综合效益进行全面评价。

高速铁路项目严格按照建议程序要求，在预可行性研究基础上提出项目建议书，获得国家批准后开展可行性研究，作为立项决策依据进行勘测设计。由合资公司实行项目法人责任制负责施工直到竣工投产，全面实现质量、安全、环保、工期、投资“五大控制”目标。每个项目都对技术上的可行性、经济上的合理性进行过评价，对项目财务效益和国民经济效益进行过评价。

影响高铁项目经济效益的因素很多，从投入—产出关系看工程造价和运量大小影响最大。在经济发达、人口密集地区，高铁开通后旅客运量很大，项目经济效益就好，如沪杭高铁；但有些高铁项目在运营初期旅客运量不大，当然旅客运量增长有个过程，逐年会有所好转，但经济效益就欠佳。对高铁项目而言，投资主体单一，融资渠道较少，普遍存在贷款太多、还本付息压力大等问题，这就增加了工程造价和运营成本，会影响经济效益。改善这种情况就要深化铁路改革，特别是加快铁路投融资体制改革。2013 年，国务院发了 33 号文件，提出了一系列措施。基本思路就是：统筹规划，多元投资，市场化运作，政策配套。全面放开铁路建设市场，对新建铁路实行分类投资建设，设立铁路发展基金，完善铁路运价机制，建立公益性、政策性运输补贴机制等。要破除民间资本投资铁路的各种障碍，把“玻璃门”“旋转门”变成“开放门”。要利用改革开放给铁路增添活力，实现投资主体多元化，投资来源多渠道，吸引社会资金建设铁路，进一步加强经营管理，努力提高经济效益。

孙永福（左二）视察武广高铁东平水道桥

高速铁路项目带来的巨大社会效益和环保效益不可忽视，必须科学进行评价。高铁项目完善了国家铁路网，形成了大能力客运通道，使人们传统的时空观念和生活方式发生变化，极大地改善了人们的出行条件；高铁加快了我国工业化、城镇化进程，促进了区域经济协调发展，强化了中心城市的聚集、辐射、带动作用，形成了相邻城市的“同城效应”；高铁建设带动了建筑材料、机械电子等发展，推动了国家经济发展和产业结构优化升级（仅与动车组相关的配套企业就有640余家）；高铁在节省时间、节省能源、节省用地、减少排放、减少事故等方面所反映的社会效益和环境效益特别突出。从国家发改委综合运输研究所报告可以看出，铁路用地运输效率是公路的5倍以上，铁路客运能源利用率是公共汽车的3.7倍、小汽车的22倍、航空的11倍。

由于高铁开通运营时间较短，积累的资料有限，因此进行综合效益评价还有一定困难。我这里举一个普速铁路的实例。2007年，在总长250多公里的京九铁路投入运营十年之际，我主持了《京九铁路对经济社会发展重大作用研究》，组织四个单位30多人历时一年半，对京九铁路沿线五个铁路局、九个省和直辖市进行调研。报告结论表明：京九铁路运输经济效益良好，运量年均增长19.1%，运输收入年递增17.3%，2008年可以收回全部投资。京九铁路建设花了投资400亿元，运营十年又花了改造投资150亿元，这些投资加上贷款利息全部都偿还了。京九铁路国民经济效益也很好，在节约运输时间、降低运输成本、提高安全水平等方面产生了大量间接效益，经济内部收益率达19.8%（高于规定的10%社会折现率）。京九铁路催生了沿线经济带，铁路每1元直接增加值拉动地方相关产业5.7元增加值；促进沿线社会进步，城镇化水平提高12个百分点；节约用地3.81万公顷，十年减少燃油消耗1041万吨，节约运输外部成本1489.78亿元。另外，国防意义也很大，增强了部队远程快速投送能力。看到铁路这么显著的社会效益、环境效益，大家一定会对铁路的重要作用有更加全面的了解。

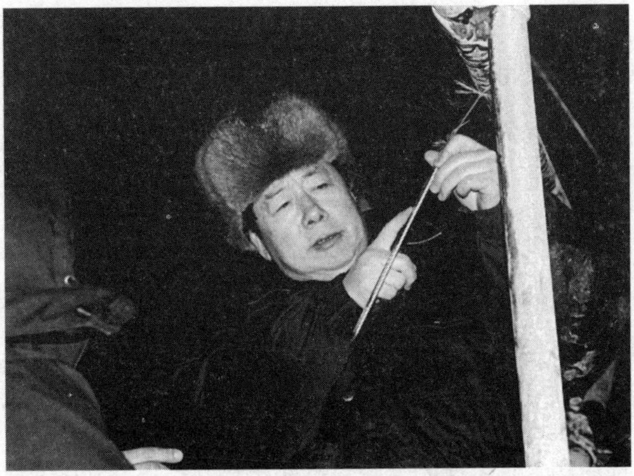

孙永福冒着严寒登上大桥墩台检查混凝土养生温度

高铁“走出去”发展战略

经济全球化是世界经济发展的大趋势。面对国际经济新形势，许多国家都把加强基础设施作为投资重点，把绿色低碳大众化的轨道交通作为首选项目，这就为中国高铁“走出去”提供了难得的机遇。我国继“乒乓外交”“熊猫外交”之后，现在又推出“高铁外交”，特别是国家主席习近平、国务院总理李克强在外交活动中亲自推介高铁，为我国高铁“走出去”发展开拓道路。

实施高铁“走出去”发展战略具有重要意义。高铁“走出去”可以展示我国的经济实力、科技实力、政治实力，有利于促进友好合作、共同发展，有利于提升我国对全球经济的影响力。高铁“走出去”有利于转变经济发展方式，有利于消化国内过剩产能，有利于企业转型升级。旺盛的市场需求将促进我国高铁技术不断创新，引领世界高铁发展。

我国高铁“走出去”有自己的优势。首先是技术优势，我国高铁技术处于世界先进水平。中国高铁技术是在借鉴世界高铁先进技术基础上博采众长再创新。其次是价格优势，我国高铁工程造价低。根据世界银行的研究资料，中国高铁工程造价要比西方国家低1/3以上。再次是融资优势。我国政府可以协调国内各部门为高铁“走出去”提供有力支持。不少国家想修铁路又缺资金，我国可以同东道国协商通过贸易合作提供优惠贷款等方式予以支持。最后，我国高铁具有工程承包能力，也有丰富的建设经验，这也是优势所在。1.18万km高铁遍布全国，有平原的，也有山区的，有高寒地区的，也有风沙地区的，经受了不同复杂地质和气候条件的考验。这些优势都会提升我国高铁的国际竞争力。

从另一个角度看，我们对高铁“走出去”发展战略研究还很不够，我们面临着许多国际壁垒，自身也存在许多障碍，所以挑战也很严峻，必须下功夫研究解决。譬如：“走出去”涉及国内多个部门，应有主管机构负责，建立有效的协调机制；高铁相关企业可成立联合体统一对外，避免各自为政、恶性竞争；中国高铁技术标准化要取得国际认可，专业队伍素质要适应国际化要求；重视国际市场调查研究，加强国际工程风险管理，包括政治、经济、法律、文化、技术等风险，增强判识风险、预防风险能力；此外，还要研究积极争取国家政策支持等。

经过20多年坚持不懈的努力，我国高速铁路走出了一条自主创新的发展新路，取得了举世瞩目的伟大成就。这是社会主义中国的亮丽名片，中国人民为之骄傲和自豪，世界人民也感到惊异和佩服。我们要认真总结经验和教训，针对发展需要和存在的问题，大力推进铁路改革和持续创新，创造高速铁路更加辉煌的业绩。让人民群众充分享受现代化高速铁路的优质服务，让中国高速铁路为世界铁路发展作出更大贡献！